TEMPLES

ANCIENS ET MODERNES.

SECONDE PARTIE.

TEMPLES ANCIENS ET MODERNES.

RENAISSANCE DE L'ARCHITECTURE GRECQUE.

En annonçant des obſervations ſur nos Temples modernes, je m'engageai en quelque ſorte à donner l'Hiſtoire abrégée de la Renaiſſance de l'Architecture Grecque. Les édifices ſacrés firent éclore les premiers eſſais d'un Art qui pouvoit paroître nouveau après tant de ſiècles d'oubli. Ils contribuèrent enſuite à ſa perfection, en fourniſſant aux Architectes des occaſions fréquentes de déployer leur génie & leurs talens. Je ne dois donc point ſéparer deux objets ſi étroitement liés, & qui, préſentés enſemble, deviennent plus piquans l'un par l'autre. D'ailleurs, les Artiſtes qui reſſuſcitèrent l'Architecture Antique méritent à-peu-près autant notre admiration & notre reconnoiſſance, que ceux qui l'inventèrent. Nous ne parlons de ceux-ci qu'avec éloge, quoiqu'entre eux & nous il ſe ſoit écoulé des milliers de ſiècles, pourrions-nous ſans injuſtice ne pas honorer la mémoire d'une foule d'Artiſtes nés preſque de notre tems, & dont les deſcendans vivent encore parmi nous.

Le ſujet que je vais traiter eſt délicat, & je n'en ignore pas le danger. Peut-être trouvera-t-on quelquefois un peu de liberté dans mes réflexions, mais j'oſe me répondre à moi-même, qu'on n'y trouvera jamais de ſatyre. Ce n'eſt point en aigriſſant les Artiſtes qu'on les corrige, comme ce n'eſt point en les flattant qu'on les perfectionne. Je n'ai, il eſt vrai, aucun titre pour m'ériger en Critique, mais il n'en faut point vis-à-vis des eſprits bien faits ; ils reçoivent les conſeils de quelque part qu'ils viennent. Ceux qui n'en veulent de perſonne y perdent toujours plus qu'ils n'y gagnent, le plus habile homme pouvant faire des fautes, qui ſeront apperçues par un homme ordinaire.

L'Architecture Gothique règnoit depuis plus de mille ans en Italie comme dans les autres parties de l'Europe ; elle ſembloit même vouloir y perpétuer ſon empire en produiſant un édifice qui par ſa grandeur, ſa ſolidité, ſa richeſſe l'emportât ſur tout ce qui avoit paru en ce genre, captivât l'admiration de la multitude, & aſſervît dès-lors pour long-tems le goût des Architectes. En 1386, furent jettés les fondemens du célèbre (1) Dôme de Milan ; vaſte Temple qui a épuiſé plus d'une

Dôme de Milan.

(1) *Dôme* ne ſignifie point en Italie *une Coupole* comme en France. *Il Duomo* eſt la Cathédrale, ou la principale Egliſe de chaque Ville. *Il Duomo di Milano*, *il Duomo di Siena*, *il Duomo di Fano*, &c.

carrière de marbre, desséché plus d'un cerveau occupé à en imaginer les ornemens, & englouti depuis près quatre cens ans plusieurs générations d'Ouvriers sans être encore achevé. A peine eut-on commencé le monument, que de toutes parts accoururent les Architectes, pour étudier les grands principes de l'Art. Milan devint l'Ecole de toute l'Italie, & à en juger par l'ardeur avec laquelle on étudioit le Gigantesque, le Bisarre, le Discordant du Gothique, l'Architecture Grecque sembloit condamnée à d'éternelles ténèbres.

Il étoit cependant arrivé ce moment heureux, où les Ordres inventés par les Grecs & les Romains alloient reprendre leurs anciens droits, & montrer entre les mains d'Architectes de goût, que l'Art d'étonner dans la construction d'un édifice ne seroit plus seul l'Art de plaire; que la simplicité peut être une vraie source du beau; que les règles qui gênent, conduisent plus sûrement à la perfection, que la fougue d'une imagination sans frein.

Philippe Brunelleschi.

L'Artiste destiné à produire une si heureuse révolution dans l'Architecture fut Philippe Brunelleschi né à Florence l'an

on l'insulta, on le traita publiquement d'insensé; quand il assura que pour cintrer ces énormes voûtes, il n'emploiroit aucune espèce d'armure, ou forme intérieure de charpente. Cependant, malgré les préjugés, les railleries & les contradictions, l'ouvrage lui fut confié. Il le poussa avec toute l'ardeur d'un Artiste qui y voyoit le monument de sa gloire, mais en même-tems avec toute l'attention nécessaire pour le rendre éternel. Il conduisoit de l'œil tous les Ouvriers, & ne se fioit qu'à lui seul du choix des matériaux. Il ne se plaçoit ni une pierre, ni une brique qu'il ne l'eût bien examiné. Je cite ce trait parce qu'il renferme une bonne leçon. Enfin Brunelleschi eut, avant de mourir, la satisfaction de voir sa Coupole achevée, à la réserve d'une partie du *Lanternon* qui la couronne.

Soit que la disposition de la base ne permît point à l'Architecte de donner à ce grand morceau la forme sphérique du Panthéon, soit qu'il préférât la forme angulaire, parce qu'elle étoit plus difficile quoique moins belle, Brunelleschi fit sa Coupole octogone, ou à huit pans, tant la voûte que le tambour, il donna assez peu de hauteur à celui-ci, à proportion de celle de la voûte, & il y ouvrit dans chaque pan une fenêtre en œil-de-bœuf. En cintrant les voûtes, il les retrécit par le haut de façon qu'elles s'éloignent de l'ovale & se terminent un peu en pointe. Il n'orna l'extérieur ni de colonnes ni de pilastres, ou parce qu'il ne le put pas, ou parce qu'il crut qu'à une si grande hauteur ce seroient des ornemens perdus. Mais il montra dans la décoration intérieure du Temple qu'il possédoit l'Architecture Grecque. Il le montra encore plus dans la construction de quelques autres Eglises, où il fut le maître des plans & des formes.

La Coupole de Sainte-Marie *Del Fiore* a de diamètre, dans le vif du tambour, environ cent trente pieds; de hauteur, depuis la corniche du tambour, jusqu'à l'œil du lanternon environ 125; du sol de l'Eglise, jusqu'à la Croix environ 330. Avant elle, il ne fut donc construit en l'air rien d'aussi grand en ce genre; & aujourd'hui elle ne le cède en grandeur qu'à la Coupole de Saint-Pierre de Rome.

Il eſt probable qu'elle a ſervi de modèle à Michel-Ange pour l'idée des deux Coupoles emboîtées l'une dans l'autre, telle qu'il l'exécuta dans la Baſilique du Vatican. Ainſi, ſur le Gothique du Temple de Sainte-Marie *Del Fiore*, comme ſur une baſe formée des armes d'un ennemi terraſſé & vaincu, s'éleva un monument qui, ſans être ni Dorique, ni Ionique, ni Corinthien, rappelloit par ſa forme ſimple & majeſtueuſe les beaux tems de la Grèce, & annonçoit la renaiſſance du bon goût.

Leon-Baptiſte Alberti.

Brunelleſchi avoit enſeigné à ſes Contemporains la pratique de la nouvelle Architecture, Leon-Baptiſte Alberti, Gentilhomme Florentin, ne tarda pas à leur en développer la Théorie : de ſon tems, comme du nôtre, Vitruve étoit le ſeul Auteur ancien dont l'ouvrage ſur l'Architecture exiſtât ; mais avant l'invention de l'Imprimerie, cet ouvrage étoit moins commun & moins connu qu'il ne l'eſt aujourd'hui. Ajoutez que les lacunes, les fautes de copiſtes, les expreſſions Grecques, ou tirées du Grec, le rendoient preſque inintelligible à un ſiècle, où l'on penſoit peu à en chercher le Commentaire dans les anciens monumens. Alberti né avec de l'eſprit & du goût, cultivé par de bonnes études, doué d'un œil perçant qui n'eſt pas donné à tout le monde, & qui heureuſement ſe trouva organiſé comme celui de Brunelleſchi, Alberti entreprit de rédiger en corps de préceptes ſes obſervations ſur l'Architecture des Anciens, & de donner aux Artiſtes des ſecours difficiles à tirer de l'Architecte Romain. Il compoſa donc vers le milieu du quinzième ſiècle ſon Traité de l'Art de bâtir (1); qu'il diſtribua en dix Livres. Quoiqu'il n'eſtimât pas Vitruve, il profita cependant de ſon ouvrage, & plus d'une fois il s'appuya de ſon autorité. Le traité moderne eſt plus ample que l'ancien, il eſt plus clair, & il contient des détails d'une grande importance. Il eût été, au tems où il parut, d'une utilité plus univerſelle, ſi, au lieu de l'écrire en bon latin, l'Auteur l'eût écrit en Toſcan. Les Maîtres qui écrivent ſur leur Art, doi-

(1) *De Re Ædificatoriâ.*

vent travailler pour tout le monde ; pour l'inſtruction ſpéculative des Amateurs, quelquefois légers de Grec & de Latin, & pour la direction pratique des moindres Ouvriers qui ne ſçavent jamais que la langue vulgaire.

Puiſqu'Alberti ne ſe donne pas pour un ſimple Commentateur de Vitruve, on pourroit lui reprocher de s'être trop étendu ſur la conſtruction de certains édifices qui ne ſont plus aujourd'hui en uſage, tels que les Thermes & les Baſiliques, & de n'avoir pas aſſez dirigé ſes règles à la conſtruction de quelques autres très-communs dans le Chriſtianiſme. Par exemple, il parle de la forme & des ornemens des Temples comme en parle Vitruve, mais nos Temples devant être beaucoup plus grands que ceux des Anciens, il ſemble qu'il n'eût pas dû ſe borner à des dimenſions qui ne peuvent convenir qu'à ceux-ci. Au reſte, l'eſſentiel étoit d'apprendre à ſon ſiècle les règles des Ordres Grecs, à chercher des graces dans les proportions, à bien tourner une colonne, & c'eſt ſur quoi Alberti communiqua des lumières. C'étoit au génie des Artiſtes à faire uſage des principes, à les étendre ſelon la meſure de leurs plans. Les proportions qu'il aſſigne pour les différentes parties d'une ordonnance ne s'accordent pas toujours avec celles de Vitruve; mais celles de Vitruve elles-mêmes différent auſſi des proportions employées dans beaucoup de monumens Antiques. C'eſt ici une affaire de coup-d'œil, un point de goût ſur lequel il ne faut pas trop chicanner les Architectes, tant qu'ils ne s'écarteront pas des règles à-peu-près fixées par la pratique de trois ou quatre célèbres Artiſtes des deux derniers ſiècles.

Dans une morceau qui traite de la Renaiſſance de l'Architecture, j'ai cru devoir donner une Notice de l'ouvrage d'Alberti ſur ce bel Art. Quoique plein d'excellentes choſes, il eſt aujourd'hui aſſez ignoré, & beaucoup plus qu'il ne mérite de l'être. Il eſt cependant le plus ancien après celui de Vitruve, où l'Art de bâtir ſoit développé à fond. Il précède même Vitruve dans l'Hiſtoire de la Typographie, puiſque la première édition de celui-ci n'eſt que de 1486, & que celle d'Alberti date de 1481, ſi nous en croyons Vaſari. Il faut encore ſçavoir que la première édition de Vitruve avec un Commentaire ne parut qu'en 1521 ; que par conſéquent Alberti plus clair & plus détaillé que lui, fut auſſi plus étudié & plus conſulté.

Les édifices de Brunelleſchi d'un côté, de l'autre l'Ouvrage d'Alberti produiſirent un commencement de révolution, dont les progrès furent accélérés par la protection de deux grands Princes, de Côme I de Médicis, & du Pape Nicolas V. Le nom des Médicis eſt un nom qu'on ne lit, qu'on n'entend point ſans plaiſir & ſans reconnoiſſance, ſans ſe rappeller des chef-d'œuvres & des bienfaits. Côme, le premier de ſa Maiſon qui ait donné à ſes Succeſſeurs le goût de la magnificence, aux Sciences & aux Arts cette protection qui rendra ſa mémoire précieuſe à la poſtérité, Côme devint Chef de la République de Florence, dans le tems que Brunelleſchi commençoit à y déployer ſes talens ; & tel fut le bonheur de l'Artiſte, que ſes talens furent connus & eſtimés du Maître, bonheur qui manque ſi ſouvent aux Grands Hommes. Le Prince occupa Brunelleschi dans ses palais. A son exemple plusieurs Seigneurs Florentins lui confièrent la construction des leurs ; les Religieux celle de nouvelles Eglises, de nouveaux Monastères. Sous les yeux du nouvel Architecte, il se forma un grand nombre d'Elèves qui se répandirent ensuite dans toute l'Italie, & y portèrent, en dépit du Dôme de Milan, l'arrêt de proscription contre le Gothique.

Nicolas V avoit pour les bâtimens une passion qui a été condamnée par quelques saints personnages. Il forma plus de projets qu'il n'en exécuta, parce qu'il règna peu ; mais son goût bien connu, & ses entreprises pour l'embellissement de Rome attirèrent, dans cette Ville, beaucoup d'Architectes, ou déja habiles, ou qui avoient la noble ambition de le devenir : leurs noms sont moins célèbres, que ceux qui brillèrent dans le siècle suivant, on parle peu de leurs Ouvrages ; mais enfin ils rapportèrent à Rome les premières notions de la bonne Archicture qui s'y étoient perdues, malgré les excellens modèles qu'elle présentoit, & que les Etrangers venoient étudier. Ils préparèrent les voies aux Bramante, aux Michel-Ange, aux San-Gallo, aux Peruzzi, &c. comme les grandes idées de Nicolas V, ſur la reconſtruction de Saint-Pierre & du Vatican firent naître dans la ſuite celles de Jules II & de Leon X.

Depuis la mort de Brunelleſchi arrivée en 1446 & pendant le reſte du quinzième ſiècle, il ne ſe fit donc dans le goût & ſelon les règles de l'Architecture Grecque aucun monument auſſi célèbre que la Coupole & la décoration intérieure de Sainte-Marie *Del Fiore*. L'Art alloit, pendant cet intervalle, ſe répandant peu-à-peu par des entrepriſes obſcures, mais toujours utiles à ſes progrès. Il naiſſoit des hommes qui devoient le porter à ſa perfection, en découvrir tous les ſecrets, en étaler toutes les richeſſes. L'exemple de l'Architecte Florentin, & ſes ſuccès avoient indiqué le moyen d'en acquérir une vraie connoiſſance, il fut imité. Quiconque voulut devenir bon Architecte, commença par meſurer les monumens Antiques de Rome, bien plus nombreux alors qu'ils ne le ſont aujourd'hui. La diſtinction des Ordres, premier fondement de la nou-

P 3

velle manière de bâtir, étoit fixée ; mais il n'étoit pas poſſible que ceux à qui on la devoit, euſſent ſaiſi toutes les fineſſes de détail. Ce qui leur avoit échappé fut ſaiſi par leurs premiers Succeſſeurs qui, malgré leurs recherches, laiſsèrent encore à glaner aux Artiſtes qui vinrent après eux.

Élévation de Saint Pierre de Rome du côté de l'Occident.

Dumont del. F. N. Sellier Sculpsit

SAINT-PIERRE DE ROME.

ARTICLE PREMIER.

Nous avons vu renaître l'Architecture Grecque vers le milieu du quinzième siècle, nous allons la voir dans tout son éclat, & portée à sa perfection dès les premières années du seizième. Elle dut beaucoup à la Sculpture qui, en se perfectionnant elle-même, enhardit les Architectes à varier leurs ordonnances, à les enrichir, à joindre dans les contours & les moulures l'élégance du travail à l'exactitude des proportions. Elle dut encore plus au grand nombre d'habiles Artistes rassemblés dans Rome sous le Pontificat d'Alexandre VI, & à l'émulation qu'excitèrent entre eux les grandes entreprises de Jules II.

Je ne suivrai point les divers degrés de bonté où elle se montra successivement dans les monumens construits depuis la mort de Brunelleschi. Les Temples sont mon objet principal, & avant la Basilique de Saint-Pierre, il ne fut construit à Rome aucun édifice sacré digne d'attention. On *moderna* quelques-uns des Anciens, qu'on a encore retouchés dans ces derniers tems. Je ne pourrois donc en tirer que peu de lumières sur les progrès de l'Art. Pour en donner l'idée la plus juste & la plus avantageuse, je renvoie les Amateurs à quelques Estampes gravées d'après les Tableaux des Appartemens & des Loges du Vatican. Ces morceaux furent peints par Raphaël lui-même, ou sur ses dessins & sous ses yeux par ses plus habiles Elèves. Quand on ne sçauroit pas que Raphaël étoit presqu'aussi grand Architecte que grand Peintre, en examinant les riches fonds des Tableaux du Vatican, on concluroit ſans balancer, que les Architectes devoient être excellens dans un tems où les Peintres traitoient ſi ſçavamment l'Architecture.

Laiſſant donc à part une multitude d'édifices particuliers qui n'ont aucune réputation, je paſſe tout d'un coup à Saint-Pierre, monument célèbre dans toutes les langues, & toujours ſupérieur à l'idée qu'on s'en fait, pourvu que le bon ſens règle l'imagination; Temple auguſte qui n'eut jamais d'égal en grandeur, en majeſté, en richeſſe, où la Religion a raſſemblé tout ce qui peut ſervir à animer, à nourrir la piété; où la curioſité la plus avide & la plus intelligente trouve de quoi ſe ſatisfaire, revient ſans ceſſe aux mêmes objets, & ne les quitte que déterminée à y revenir encore; où les Artiſtes, en tout genre, les plus critiques & les plus habiles viennent admirer & s'inſtruire.

L'ancienne Baſilique du Vatican conſtruite ſous Conſtantin étoit en ſi mauvais état, & annonçoit une ruine ſi prochaine au tems de Nicolas V, que ce Pontife qui aimoit à bâtir, mit au nombre de ſes projets de conſtruction, celui d'ériger un nouveau Temple au Prince des Apôtres. Il communiqua ſes idées à Bernard Roſſelino, & à Leon-Baptiſte Alberti, Architectes Florentins qui avoient alors de la réputation; & de concert avec eux il forma le plan du nouvel édifice. On ne le connoît que par la deſcription qu'en fait Bonani, d'après un Manuſcrit de la Bibliothèque de Médicis. Mais ce qu'il en dit montre que le Pontife donna l'eſſor à ſon imagination, & ne craignit pas la dépenſe. On y voit encore, à l'ordonnance & à la diſtribution de quelques morceaux, qu'Alberti capable de donner des règles d'Architecture Grecque, pouvoit auſſi en fournir des modèles. Il eſt inutile de s'arrêter ſur un projet qui ne fut jamais exécuté. Nicolas V, mourut en 1455, & avec lui furent enſevelis tous ſes deſſeins. Aucun de ſes Succeſſeurs juſqu'à Jules II ne les ſuivit, ou parce qu'ils les trouvèrent trop vaſtes; ou parce qu'ils eurent d'autres objets de dépenſe plus preſſans que la conſtruction d'une Baſilique. Jules II, dont on connoît le caractère tourné aux entrepriſes difficiles, reprit le projet de Nicolas V, & voici à quelle occaſion.

Occasion de la reconstruction de Saint-Pierre de Rome.

Ce Pontife à peine monté ſur la Chaire de Saint-Pierre, plein de vie & de ſanté imagina de faire ériger ſon tombeau. Michel-Ange Buonarotti, âgé alors ſeulement de 29 ans étoit déja célèbre, & paſſoit pour le plus habile Sculpteur qu'eût l'Italie. Jules l'appella de Florence à Rome, & le chargea de ſon Mauſolée. Michel-Ange ayant à travailler pour un Prince tel que Jules II, ne fit que ſuivre ſon propre génie, & traça un deſſin de tombeau où il mit ce grand, ce terrible qui caractériſe tous ſes ouvrages. Le Pape l'agréa, & il ne fut plus queſtion que de fixer, dans l'ancienne Baſilique de Saint-Pierre, l'emplacement du Mauſolée. Quelqu'un fut d'avis de le placer au fond d'une grande Tribune commencée à la tête de la Baſilique par Nicolas V, & achevée par Paul II. Julien Giamberti, dit San-Gallo, Architecte en faveur auprès du Pontife, repréſenta qu'un monument de cette conſéquence demandoit une Chapelle particulière; bientôt une idée naiſſant de l'autre, on ne parla plus de bâtir une Chapelle dans le Temple, mais d'abattre le Temple même pour en conſtruire un nouveau.

Jules, par grandeur d'ame, adopta ſans peine des vues, où il entroit peut-être quelque intérêt de la part de ceux qui le propoſoient. Il chargea donc tous les Architectes qui étoient alors à Rome de dreſſer des plans, afin qu'on eût à choiſir, & qu'on pût enſuite s'arrêter à celui qui réuniroit le plus de ſuffrages.

Parmi les Architectes qui fleuriſſoient au commencement du ſeizième ſiècle, les plus diſtingués étoient Julien San-Gallo dont on vient de parler, Antoine ſon neveu, Baltaſar Peruzzi de Siene, Fra Jean Jocondo, Religieux Dominicain de Vérone, Lazare Bramante de Caſtel-Durante dans le Duché d'Urbin, & Raphaël Sanzio d'Urbin même, parent de Bramante & ſon élève en Architecture. Ces cinq Artiſtes étoient tous bien capables d'imaginer de l'excellent, mais ſi nous en croyons Vaſari, Bramante aida ſes talens d'un peu d'intrigue, & réuſſit à faire adopter ſon plan. Mais avant de parler du Temple, il eſt à propos d'en bien connoître l'Architecte que quelques Auteurs regardent comme le Reſtaurateur de l'Architecture Grecque.

On ne peut pas refuſer du génie à Bramante; il avoit bien étudié les monumens Antiques, & poſſédoit mieux qu'aucun Artiſte de ſon tems la partie du goût de ſon Art, je veux dire la ſcience des proportions, des ornemens & des diſtributions ſelon la manière des Anciens. Mais il auroit encore mieux mérité de ſon Art, s'il eût appris aux Artiſtes à joindre la ſolidité à la délicateſſe. Cet homme d'un tempérament vif & impétueux combinoit aſſez peu, ne donnoit pas à ſes idées le tems de ſe développer, n'écoutoit que ſon imagination, & croyoit poſſible tout ce qu'elle lui préſentoit de hardi. Il parut toujours préférer la gloire du moment, écueil dangereux pour les Architectes, à celle dont on ne jouit que dans la poſtérité, la ſeule qu'on doive envisager dès qu'on entreprend de vaſtes conſtructions. A peine Bramante avoit-il jetté les fondemens d'une édifice, qu'il eût voulu y poſer les combles. Delà une multitude de fautes de toute eſpèce occaſionnées par ſa précipitation, & par celle de ſes ouvriers qui, pour lui plaire, entaſſoient au haſard pierres ſur pierres, gagnoient

Bramante premier Architecte de Saint-Pierre de Rome.

en peu de tems beaucoup d'argent & élevoient de mauvaiſes murailles. On ſçait ce que dit Vaſari du long corps de bâtiment à triple portique conſtruit par Bramante pour joindre l'ancien palais des Papes au *Belvedere*. J'ajouterai ici, que malgré les réparations coûteuſes qu'on y fit preſqu'auſſi-tôt après la mort de l'Architecte, malgré toutes celles qu'y ont faites depuis différens Pontifes, on a encore été obligé ſous Benoît XIV d'en doubler les murailles pour en prévenir l'écroulement; qu'on y a plaqué dès avant-corps qui en font un ouvrage preſque Gothique. Ce trait ſuffit pour faire connoître ce qu'il y avoit à attendre du premier Architecte de la nouvelle Baſilique, & pour juſtifier le reproche de témérité & d'inconſidération que lui ont fait quelques Architectes de ſon tems.

Quoiqu'il en ſoit, Jules II, auſſi impatient dans ſes deſirs que Bramante, le préféra à tous les autres Architectes de Rome & lui confia la mémorable entrepriſe du Temple de Saint-Pierre. Le Plan tel que le traça Raphaël après la mort de Bramante qui n'en avoit point laiſſé, & qui se trouve au troisième Livre de Serlio auquel je renvoie pour les dimensions, présente une Croix latine. Les quatre branches devoient être réunies par une Coupole laquelle auroit eu les dimensions, & à-peu-près la forme du Panthéon. L'ordonnance générale étoit en pilastres avec des arcades telle qu'on la voit dans nos grandes Eglises modernes. Le portique étoit un Dodécastyle irrégulier à trois rangs de colonnes, flanqué de deux tours.

Emplacement de St.-Pierre.

Il est important, pour ce que j'ai à dire dans la suite, d'observer, que l'emplacement de la nouvelle Basilique est exactement le même que celui de l'ancienne, quoique celle-ci occupât beaucoup moins de terrein dans toutes ses dimensions. Les Architectes de Constantin, pour seconder l'empressement du Prince, profitèrent des ruines du Cirque de Néron placé sur le Mont Vatican, & sur les fondemens de la partie Septentrionale de ce Cirque construisirent toute la partie Méridionale de la Basilique, c'est-à-dire, tout le mur d'enceinte de la Nef, & les deux rangs de colonnes qui la décoroient du côté du Midi. Je n'ai trouvé nulle part clairement énoncé, qu'en jettant les fondemens du Temple moderne, on ait arraché ceux de l'ancien, mais je vois par les plans du Cirque & de la Basilique calqués l'un sur l'autre, que les deux gros piliers qui portent aujourd'hui la Coupole, & tous ceux qui séparent la grande Nef des allées collatérales du côté du Midi, sont encore assis sur toute la longueur des fondemens du Temple de Constantin, & par conséquent des fondemens du Cirque de Néron. Revenons à Bramante.

Son Temple étoit vaste, l'idée en étoit belle, & simple, mais nous verrons ailleurs qu'elle étoit née dans une tête qui, une fois échauffée, ne se refroidissoit presque jamais, & n'étoit point accoutumée à rectifier par la réflexion les premières saillies de l'imagination. Dès qu'il put travailler à son édifice, il commença par faire abattre la moitié de l'ancienne Basilique. A voir sa furie dans cette opération, on l'auroit pris, non pas pour un Architecte qui connoissoit les beautés de son Art, mais pour un ennemi de tous les Arts. Colonnes antiques, bas-reliefs, Peintures, monumens sacrés & profanes,

presque

presque tout fut brisé & détruit sans distinction du bon & du mauvais. De plusieurs grands morceaux de mosaïque de Giotto, il ne s'en sauva qu'un qui aujourd'hui fait regretter les autres. Enfin telle fut la diligence de Bramante, que moins de trois ans après le projet formé de construire une Basilique, on fut en état d'en poser la première pierre.

Bramante avoit alors soixante-deux ans, & étoit par conséquent trop âgé pour pouvoir se flatter d'achever sa Basilique, mais il y travailla avec tant d'ardeur, que ce qu'il en fit servit toujours de fond aux Architectes qui lui succédèrent, malgré les réformes qu'ils crurent devoir faire dans plusieurs parties de son plan. Déja il avoit entièrement achevé les quatre piliers de la Coupole, & cintré les arcades qui les lient l'un à l'autre; il avoit aussi avancé la branche Occidentale de la Croix, lorsqu'il mourut en 1512, quelques mois avant Jules II, mort au mois de Février 1513. Le Pontife lui fit faire de magnifiques obséques, auxquelles assistèrent tous les Artistes de

Rome, & il fut inhumé dans la partie de l'ancienne Basilique qui étoit encore sur pied.

ARTICLE II.

BRAMANTE n'avoit point laiſſé de plan de ſa Baſilique, & Raphaël ſeul en avoit une connoiſſance ſûre & détaillée. Leon X lui ordonna de le tracer afin qu'on pût continuer l'édifice. Il nomma de nouveaux Architectes, & ſon choix ſe fixa ſur Julien San-Gallo qu'il rappella de Florence, ſur *Fra* Jocondo qui ſe trouvoit alors à Rome, & ſur Raphaël âgé ſeulement de 32 ans.

SAINT-PIERRE DE ROME.

Julien San-Gallo. *Fra* Jocondo. Raphaël Sanzio.

Jules II qui avoit approuvé le plan de Bramante, s'étoit laiſſé ſéduire par les beautés qu'il y avoit apperçues. Ceux qui travailloient à l'exécution ne le connoiſſant que confuſément en ignoroient le mérite & les défauts ; mais quand les nouveaux Architectes l'eurent examiné, ils y trouvèrent une diſproportion évidente entre la Coupole, & les piliers deſtinés à la porter. Cette Coupole devant avoir toutes les dimenſions du Panthéon, être chargée de colonnes, & couronnée d'une lanterne, devenoit une masse énorme qui auroit infailliblement écrasé ses supports; d'autant plus que les piliers construits à la manière de Bramante, c'est-à-dire, avec la plus grande précipitation, travailloient déja sous le poids des arcades, & mena- çoient de s'ouvrir, comme ils s'ouvrirent en effet quelques années après. Avant de continuer l'édifice, il falloit donc répa- rer ce qui en étoit fait. Les trois Archi- tectes reprirent les fondemens des quatre piliers, & les fortifièrent par des massifs & des arcades construits à une grande profondeur, pour assurer le sol qui les environnoit, ils n'eurent pas le tems d'en faire davantage. San-Gallo accablé de vieillesse retourna à Florence, où il mou- rut en 1517; *Fra* Jocondo mourut vers 1519, après avoir aussi quitté Rome; & enfin Raphaël en 1520.

Antoine San-Gallo. Baltasar Perruzzi.

Antoine San-Gallo, neveu de Julien fut déclaré Architecte en chef de la Basili- que, & on lui donna pour adjoint Bal- tasar Perruzzi. Celui-ci trouvant le plan de Bramante trop vaste, & peu propor- tionné dans les parties de détail, pro- posa d'en retrancher toute la Nef, de réduire la Basilique à la forme d'une Croix Grecque, & de terminer la branche racourcie en hémicycle, comme Bramante avoit terminé les trois autres. Il ne faisoit point de réformes dans la Coupole, mais il grossissoit de plus d'un tiers les piliers ; il est à observer qu'il les dessina avec un vuide dans le centre, afin d'y pratiquer un escalier en colimaçon. Ce plan se trouve encore au troisième Livre de Serlio.

On ne fit aucun usage du plan de Peruzzi, parce que Leon X mourut en 1521. Adrien VI qui lui succéda, n'étoit rien moins qu'Amateur, & l'on ne mit pas une pierre à la Basilique pendant son Pontificat de dix-neuf mois. Clément VII, qui le remplaça, étoit d'une maison où l'on connoissoit & aimoit les Arts, mais Charles V, ne lui donna pas le loisir de s'en occuper. Le Pontificat de Clément fut malheureux, & pendant neuf ans qu'il règna, la Basilique resta dans l'état ou Bramante l'avoit laissée.

Après la mort de Clément VII arrivée en 1534, Paul III monta sur la Chaire de Saint-Pierre, & pensa aussi-tôt à faire reprendre la construction du Temple. L'Architecte en chef étoit toujours San-Gallo, mais depuis seize ans qu'il en avoit le titre, il ne s'étoit rien fait de considérable d'après ses dessins. Se voyant libre, en 1536, par la mort de Peruzzi dont il trouvoit le plan trop resserré, il en traça un nouveau qui fut agréé par Paul III. Ce plan est le mieux connu de tous ceux qui n'ont point été exécutés, parce que le modèle existe encore aujourd'hui dans une salle du Belvedère. Ce modèle coûta un an de travail, & près de cinq mille écus Romains (25000 liv.) pour l'invention, la matière & la main-d'œuvre. Il fut exposé à la critique des connoisseurs, & Michel-Ange qui ne sçavoit pas dissimuler, condamna ouvertement l'étendue trop vaste du plan, les disproportions monstrueuses entre les parties de chaque ordre, la pesanteur & la grossièreté de la Coupole, la trop grande multitude de colonnes, d'arcades, de ressauts, de petites pyramides. En un mot, il appella l'ouvrage de San-Gallo une composition Gothique qu'on n'acheveroit pas en cinquante ans, & qui coûteroit plus de trois cens mille écus d'or.

Le jugement de ce grand Homme n'empêcha pas d'adopter le modèle de San-Gallo, qui n'eut cependant ni la gloire de l'exécuter, ni le chagrin de le voir rebuté par son successeur. Il mourut en 1546.

Il y avoit quarante ans que la nouvelle Basilique étoit commencée, & l'on peut dire qu'il n'y en avoit pas encore de plan fixe. Les Architectes qui se succédoient réformant toujours ce qu'avoient fait leurs prédécesseurs, il se dépensoit des sommes immenses, & l'ouvrage n'avançoit pas. Il sembloit attendre un génie plus puissant que tous ceux qui jusqu'alors en avoient eu la conduite.

Michel-Ange Buonarotti.

Michel-Ange Buonarotti, cet homme dont les ignorans comme les Sçavans connoissent le nom, cet Artiste vraiment digne du titre de *Grand* étoit occupé à Florence pour le Grand Duc, lorsque San-Gallo mourut. Paul III qui connoissoit son mérite ne balança pas à l'appeller à Rome pour lui confier la construction de Saint-Pierre. Michel-Ange que l'entreprise n'effrayoit point, mais qui prévoyoit tous les déſagrémens que lui donneroient les partiſans de San-Gallo, fit tout ce qu'il put & par lui-même & par ſes amis pour ne point accepter l'honneur qu'on lui déféroit; mais après bien des refus, il fut enfin forcé de ſe rendre aux ordres du Pape.

Il s'étoit trop clairement expliqué ſur le modèle de ſon prédéceſſeur, pour qu'il pensât à l'exécuter. Néanmoins tous ceux qui avoient travaillé ſous San-Gallo firent accueil au nouvel Architecte, & lui dirent à la vue du modèle, que la fortune lui ouvroit un beau champ pour déployer ſes grands talens. Michel-Ange qui connoiſſoit l'ame intéreſſée de ces flatteurs, & ſçavoit qu'ils auroient voulu s'enrichir aux dépens de la Fabrique, leur déclara ſans détour qu'aucun d'eux ne travailleroit ſous lui. Cette excluſion fut pour Michel-Ange une ſource de chagrins qui ne finirent qu'avec ſa vie.

San-Gallo, en qui le goût n'égaloit pas l'habileté, avoit cru que, pour faire de la belle Architecture, il falloit néceſſairement multiplier à l'infini les colonnes, entaſſer arcades ſur arcades, &c. ſon mo-

Plan de l'Église de St. Pierre du Vatican à Rome.

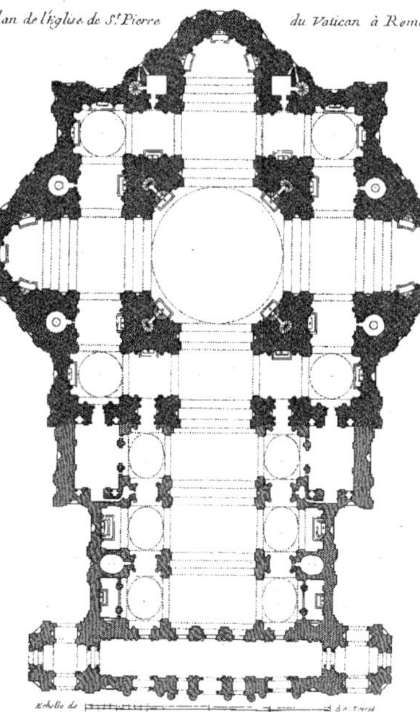

dèle avoit coûté bien cher, & étoit d'une difficile exécution. Buonarotti vit tout d'un coup l'eſpèce & le degré de beauté qui convenoit au Temple dont il étoit chargé, & en quinze jours il fit un nouveau modèle qui ne coûta que vingt-cinq écus Romains. Je ne m'arrêterai point ici à le décrire parce qu'il eſt peu de Littérateurs, & de curieux qui par les Voyages ou les Eſtampes ne connoiſſent Saint-Pierre de Rome, tel qu'il exiſte aujourd'hui. Il faut ſeulement obſerver que les ſix premières arcades de la Nef & tout ce qui y eſt annexé furent ajoutées ſous Paul V.

Plan de St.-Pierre.

Vaſari me paroît raiſonner mal, lorſque pour faire l'éloge de Bramante & de ſon génie il dit : que ſi ſes ſucceſſeurs avoient entrepris d'étendre ſon plan au lieu de le reſſerrer, tous, ſans en excepter Michel-Ange, y auroient été embarraſſés. Je ne vois pas qu'il fût plus difficile à Michel-Ange qu'à Bramante d'imaginer un édifice vaſte & diſproportionné, ſi Michel-Ange eût été capable d'imaginer quelque choſe de cette eſpèce. Il fit un Temple moins grand que celui dont Bramante avoit conçu l'idée, mais il fit un chef-d'œuvre que nous admirons, & que la poſtérité admirera après nous, tandis que dans le ſiècle même de Bramante on diſoit de lui, à la vue de ſon ouvrage, qu'il avoit plus d'imagination que de prudence. Tous ceux qui avoient précédé Michel-Ange avoient cherché le beau, & ſembloient n'en avoir point eu la vraie idée. De là, le giganteſque qui leur paroiſſoit du majeſtueux, ce biſarre qu'ils prenoient pour de la variété, cette confuſion qu'ils croyoient richeſſe. Michel-Ange voit le beau où il eſt, dans l'ordre & l'accord des parties entre elles, & dans l'unité de l'enſemble. Il examine divers plans; il retranche de l'un, il ajoute à l'autre; ici, il ſimplifie, là, il décore; il met chaque choſe à ſa place, & de ſes opérations réſulte enfin ce beau Temple que l'on demandoit inutilement depuis quarante ans, & dont lui ſeul termina le plan en quinze jours.

Paul III agréa le nouveau deſſin, & afin de le rendre invariable pour la ſuite, & de témoigner à l'Architecte l'eſtime qu'il faiſoit de ſes talens, la confiance qu'il avoit en ſes lumières, il lui fit expédier en 1546, un ample Bref par lequel il le conſtitue Architecte en Chef de la Baſilique de Saint-Pierre, l'autoriſe à réformer ou à détruire, ſelon qu'il le jugera à propos, tout ce qu'avoïent fait ſes prédéceſſeurs ; lui laiſſe abſolument la liberté d'admettre & de rejetter tels Ouvriers qu'il voudra, l'affranchit de toute dépendance des économes & Directeurs ordinaires de la Fabrique, & enfin défend à qui que ce ſoit, ſous des peines très-griéves, de rien changer déſormais au plan de Michel-Ange. Le Pontife lui aſſigna en même-tems ſix cens écus Romains par an d'appointemens, mais Michel-Ange les refuſa ; & pendant dix-ſept ans entiers il travailla ſans émolumens à une Baſilique, laquelle avoit enrichi tous ceux qui avant lui y avoient mis la main. C'eſt-là être Architecte en Prince.

Les piliers de la Coupole étoient toujours ce qui attiroit les premières attentions des Architectes. Buonarotti pour la troiſième fois les fit renforcer, & couronna enſuite les quatre arcades d'un entablement circulaire. Il fit auſſi revêtir de pierre vive l'extérieur de ce qui étoit déja construit, & il n'est point de Temple dont la beauté du dehors réponde si bien à celle du dedans. Il éleva ensuite les branches Méridionale & Septentrionale de la Croix. Tout cela fut achevé en trois ans.

Après la mort de Paul III arrivée en 1549, Michel-Ange se vit exposé aux cabales des partisans de San-Gallo; mais il en triompha, & Jules III lui fit expédier de nouvelles Patentes confirmatives du Bref de Paul III, & encore plus honorables que les premières.

Pirro Ligorio. Sous Paul IV, successeur de Marcel II qui avoit remplacé Jules III, on donna pour adjoint à Michel-Ange Pirro Ligorio plus connu parmi les Antiquaires que parmi les Architectes. Buonarotti en essuya bien des désagrémens qui l'auroient enfin forcé d'abandonner Rome, s'il eût été moins âgé, & si sa dévotion envers le Prince des Apôtres l'avoit moins attaché à sa Basilique Il la poussa si vivement, afin qu'après sa mort on ne pût y rien changer, qu'en 1557 les grandes voûtes étoient faites, & le tambour de la Coupole avec tous ſes ornemens étoit achevé. Comme on craignoit avec raiſon, vu ſon grand âge, qu'il n'eût pas le tems de terminer ce vaſte & difficile morceau, on l'engagea à en donner le modèle. Il le fit exécuter dans le plus grand détail par un François dont il n'a point plu aux Italiens de nous tranſmettre le nom.

Il y avoit dix-ſept ans que Michel-Ange conduiſoit la conſtruction de Saint-Pierre, toujours perſécuté par les Architectes jaloux de ſon mérite, & offenſés de ſon déſintéreſſement, ſouvent trahi par ceux-mêmes qui auroient dû être ſes plus zélés protecteurs; il avoit atteint ſa quatrevingt-dixième année, lorſqu'enfin, en 1564, il termina une vie pleine de gloire, laiſſant Rome & Florence décorées de ſes chef-d'œuvres d'Architecture, de Peinture & de Sculpture, une réputation que n'a jamais eue aucun Artiſte, & un nom que la poſtérité la plus reculée aimera & reſpectera toujours.

ARTICLE III.

SAINT-PIERRE DE ROME. Jacques Barozzio dit Vignole.

Après la mort de Michel-Ange, Ligorio eut en chef la direction de la Basilique de Saint-Pierre, & on lui associa Jacques Barozzio connu sous le nom de Vignole. Pie IV défendit très-sévèrement aux nouveaux Architectes de s'écarter en rien du plan arrêté. Vasari plein de zèle pour la gloire de son illustre ami, & connoissant la présomption de Ligorio, agit fortement auprès de Pie V successeur de Pie IV pour qu'il ne fût fait aucun changement dans le modèle laissé par Buonarotti. Ses représentations furent efficaces. Le Pontife s'étant apperçu que Ligorio, malgré les défenses portées, substituoit ses idées à celles de son prédécesseur, ôta à ce téméraire Artiste la conduite d'un édifice où il auroit pu faire beaucoup de mal, mais où il ne fit absolument rien.

Vignole resté seul ne travailla jusqu'à sa mort arrivée en 1573, qu'à revêtir de pierre de Tivoli, autrement *Travertine* l'extérieur du Temple ſur les deſſins de Michel-Ange. La conſtruction languit ſous le Pontificat de Pie V, qui dépenſa de grandes ſommes pour arrêter les entrepriſes des Turcs. Grégoire XIII, commença à orner l'intérieur de la Baſilique, & voici en quel état elle étoit, lorſque Sixte V monta ſur la Chaire de Saint-Pierre. Tout le corps du Temple, tel que l'avoit conçu Michel-Ange, étoit achevé, tant dans l'intérieur que dans l'extérieur. Le tambour de la Coupole étoit élevé, & attendoit depuis vingt-quatre ans la voûte qu'il devoit porter. Ce terrible morceau avoit effrayé tous les prédéceſſeurs de Sixte, mais ce Pape ne s'effrayoit pas aiſément; & un de ſes premiers projets fut de faire achever la formidable Coupole. Il nomma pour Architectes Jacques *Della Porta*, digne élève de Vignole, & Dominique Fontana dont il avoit déja employé les talens pour le tranſport & l'érection de l'Obéliſque du Vàtican. Avec l'agrément du Pontife, ils s'éloignèrent un peu dans la courbe des voûtes du modèle de Buonarotti. Il la firent plus elliptique, afin de donner plus de grace à la Cou-

Coupole de Saint-Pierre.

Jacques Della Porta. Dominique Fontana.

pole, ce qui les obligea auſſi à faire quelques changemens dans le lanternon deſtiné à la couronner.

On commença donc cette mémorable voûte le 15 Juillet 1588. Six cens Ouvriers animés par Sixte y travailloient jour & nuit, & l'ouvrage alla ſi vite, que la dernière pierre bénie par le Pontife après une Meſſe ſolennelle y fut placée le 14 Mai 1590 au bruit de l'artillerie du Château-Saint-Ange. L'opinion commune de la plupart des Architectes de ce tems étoit, qu'une ſi énorme maſſe demandoit au moins dix ans de travail; & on n'y employa que vingt-deux mois. Je doute que Michel-Ange, malgré l'empreſſement de Sixte V, eût conduit ſa Coupole avec tant de vivacité. Ce grand Homme ne ſçavoit pas plier, quand il y alloit de ſa gloire & de la perfection de ſes ouvrages. La preuve qu'en pareil cas l'obſtination devient preſque une vertu dans un Artiſte, c'eſt que la plupart des Mathématiciens & des Architectes qui, en 1743 examinèrent les dommages conſidérables arrivés dans la Coupole de Saint-Pierre, les attribuèrent en grande partie à la précipitation

cipitation avec laquelle ce morceau avoit été conſtruit.

Sixte V n'eut cependant pas la ſatisfaction de le voir entièrement achevé, parce qu'il mourut au mois d'Août de la même année 1590. Mais au mois de Novembre ſuivant, l'édifice avoit reçu ſon couronnement ; & ainſi en moins de vingt-neuf mois fut terminée la plus vaſte & la plus belle Coupole qu'il y ait dans l'univers. Monument digne d'être étudié par tous les Architectes, qui y trouveront tout ce qu'on peut raſſembler de ſçavant, d'ingénieux, de noble, de commode dans la production la plus difficile de leur Art ; quoique dans l'exécution on y ait fait des fautes qui ont altéré les principes & dérangé les combinaiſons de l'inventeur.

Augmentations faites au plan de Michel-Ange.

La Baſilique de Saint-Pierre étoit à-peu-près au point où Michel-Ange en avoit fixé la conſtruction complette ; il n'y manquoit que le portique pour que l'édifice fût à l'abri de toute innovation, & ne pût déſormais éprouver ni retranchement, ni accroiſſement qui en changeât la forme, lorſque Paul V fut élu Pape en 1605. Ce Pontife, un de ceux qui ont le plus contribué à l'embelliſſement de la nouvelle Rome, voulut avoir la gloire de mettre la dernière main à un monument qui devoit ſurpaſſer tout ce qu'il y avoit de beau en ce genre. Il demanda donc le deſſin d'un portique à neuf des plus célèbres Artiſtes de Rome, de Naples & de Florence; & cela même annonce un changement dans l'ordonnance de Buonarotti, puiſque ſi l'on eût voulu s'y tenir, il ne s'agiſſoit que d'exécuter le portique tel qu'il l'avoit deſſiné, & tout étoit fini. Mais il faut avouer qu'afin de faire un édifice vaſte & libre de toute part, Michel-Ange paroiſſoit avoir oublié certaines pièces d'un uſage habituel dans les Temples du Chriſtianiſme, & dont on ne pouvoit abſolument ſe paſſer dans celui-ci. Il n'avoit déſigné dans l'intérieur aucun endroit pour le Chœur des Chanoines, pour la Sacriſtie, &c. Il ne penſa pas non plus à en ménager dans l'extérieur, puiſqu'il vouloit que ſa Baſilique fût iſolée, & que de tout côté ſes contours fuſſent réguliers. Il devenoit donc néceſſaire d'étendre ſon plan, & cette extenſion ne pouvoit avoir lieu que du côté de l'Orient où rien n'empêchoit de l'exécuter. De tous les deſſins propoſés pour ces nouveaux ouvrages, celui de Charles Maderne parut le meilleur & on l'agréa. Il conſiſtoit dans un prolongement de la branche Orientale de la Croix Grecque de Buonarotti, avec trois arcades qui donnoient entrée dans trois Chapelles de chaque côté, mais ſans allées ou bas-côtés intermédiaires, & l'on entroit dans cette Nef par le portique de Michel-Ange. La voûte & les arcades de ce corps ajouté n'avoient ni la largeur, ni la hauteur de celles du premier Temple, de ſorte qu'il n'en étoit en quelque façon que le veſtibule.

Charles Maderne.

La première pierre de la Nef de Maderne fut poſée le 8 Mars 1607, déja les murailles étoient hors de terre, lorſque de nouvelles vues firent ſuſpendre les travaux. Quelqu'un repréſenta que l'édifice de Michel-Ange, quoique très-vaſte, ne l'étoit point encore aſſez pour contenir la foule qu'attiroient à Rome certaines cérémonies extraordinaires, telles que celles de l'année Sainte, du couronnement d'un Pape, d'une canonisation, &c. d'ailleurs il ne renfermoit point dans son enceinte tout le terrein consacré par l'ancienne Basilique, & où reposoient plusieurs corps de Martyrs, de Papes, &c. Enfin le portique de Michel-Ange n'avoit & ne pouvoit avoir de loges d'où les Pontifes pussent donner la bénédiction au peuple. Ces réflexions engagèrent à dresser un nouveau plan. Maderne étendit celui que l'on avoit déja commencé à exécuter. Il donna à ses arcades les mêmes proportions que Buonarotti avoit données aux siennes; il poussa l'ordonnance en pilastres à la même hauteur, ce qui portoit la voûte au niveau de celle qui existoit déja. Dans son premier plan il n'avoit point ménagé de bas-côtés, il en mit dans le second, en reculant les Chapelles qu'il fit aussi plus grandes.

Défauts du plan de Maderne.

Fontana trouve trois défauts essentiels dans les dimensions employées par Maderne pour l'accroissement dont nous parlons: 1°. Les bas-côtés auroient dû être assez larges pour enfiler les arcades construites par Michel-Ange dans les branches Méridionales & Septentrionales de la

Croix, de sorte que, du bas du Temple, l'œil pût percer sans obstacle jusqu'à l'extrémité de la branche Occidentale. C'est ce qu'il ne peut faire dans la distribution présente, parce qu'il est arrêté par les piliers de la Coupole, auxquels les bas-côtés se terminent désagréablement: 2°. Ces bas-côtés sont beaucoup trop étroits par rapport à la largeur de la grande Nef: 3°. L'espace des mêmes bas-côtés qui sépare chaque Chapelle de l'arcade de la grande Nef à laquelle elle répond, étant beaucoup plus long que large, Maderne a été obligé d'élever ses six petites Coupoles sur un plan ovale, forme d'une exécution difficile & qui entraîne toujours certains contours forcés, que l'Art du plus habile Architecte ne peut éviter. Un coup d'œil sur le plan général de la Basilique dirigera dans la critique de Fontana. Le portique de Buonarotti exécuté auroit laissé voir les extrémités circulaires des branches Méridionale & Septentrionale, ce qui eût été d'un très-bel effet; mais on demanda à Maderne un frontispice décoré de clochers, ce qui l'obligea de l'élargir & de masquer absolument tous les contours du Temple. On travailla avec tant d'ardeur à ces grands ouvrages, qu'ils furent achevés en 1614, tels qu'on les voit aujourd'hui, à quelques ornemens près.

Ainsi après un travail presque continu de cent huit ans fut terminée la construction de la Basilique de Saint-Pierre; édifice qui coûta des sommes immenses, & dont la seconde partie ne fut pas à beaucoup près aussi habilement conduite par Maderne que l'avoit été la première par Michel-Ange. C'est sur quoi, je vais rapporter les observations des plus grands Maîtres de l'Art. On les lira d'autant plus volontiers qu'elles sont ignorées, & que l'on entend quelquefois parler de certaines altérations arrivées dans cet auguste Temple, sans trop sçavoir en quoi elles consistent, & quelle en a été la cause.

Mauvaise qualité du sol où est St.-Pierre.

Quand on songea à reconstruire la Basilique de Saint-Pierre, on ne fut pas libre dans le choix de l'emplacement. Toutes sortes de raisons obligeoient à ériger le nouveau Temple sur le même terrein qu'occupoit l'ancien, & jamais il n'y en eut qui demandât de la part des Architectes plus d'habileté & d'attention. C'eſt un vallon formé par deux côteaux du Mont Vatican, dont l'un regarde le Midi, & l'autre le Nord. Toutes les eaux qui ſortent de ces deux côteaux viennent par-deſſous terre ſe rendre dans le vallon, & ſur-tout dans la partie Méridionale qui eſt plus baſſe que l'autre. Outre cela, dans ce vallon avoit exiſté autrefois le Cirque de Néron; & ce monument étant ruiné au tems de Conſtantin, comme nous l'avons remarqué ailleurs, ſes fondemens avoient ſervi à aſſeoir toute la partie Méridionale de l'ancienne Baſilique. Auſſi avoit-elle toujours paru foible, & ce n'étoit qu'à force de réparations qu'on avoit réuſſi à la faire ſubſiſter juſqu'au Pontificat de Jules II. Bramante, en commençant la ſeconde, ne prit pas les précautions que ſembloit lui preſcrire un terrein mauvais par lui-même, & qui de plus s'étoit élevé de quinze pieds par les ruines du Cirque & d'autres anciens édifices. Car en creuſant pour fonder le portique, on trouva à cette profondeur l'ancienne Voie triomphale. Il avoit fondé avec ſa précipitation ordinaire les quatre piliers de la Coupole, & ces pièces essentielles étoient si mal conditionnées à tous égards, que tous les successeurs de Bramante commencèrent toujours leurs opérations, par assurer de plus en plus la consistence des piliers. Michel-Ange plus habile que tous ceux qui l'avoient précédé, fut encore plus attentif qu'eux. Pendant le tems qu'il fut chargé de la construction du Temple, il employa toutes les ressources de son Art & de son génie, pour donner à l'édifice une solidité à l'épreuve des accidens les plus ordinaires.

Maderne étoit moins digne qu'un autre de succéder à Michel-Ange, puisque l'Architecture n'étoit point son Art, & que toute sa vie il n'avoit été connu que sur le pied d'un Ouvrier en stuc, accoutumé à manier la chaux & le sable. Il se donna pour Architecte sous Paul V, présenta un plan pour aggrandir la Basilique, & soutenu sans doute par quelque puissante protection, il fut préféré à tous ses concurrens entre lesquels étoit le vieux Dominique Fontana, l'Architecte de Sixte V.

Erreurs funestes de Maderne.

Maderne n'apportant point à la construction de son édifice les talens nécessaires, y fit des fautes de toute eſpèce ; fautes qu'il eût pu réparer, quand il s'en apperçut, mais qui ſont aujourd'hui irréparables, parce qu'il aima mieux les pallier qu'y remédier efficacement. La première fut de ne pas examiner le terrein ſur lequel il alloit bâtir. Il creuſa des fondemens de quinze pieds de profondeur, mais il s'arrêta trop-tôt trompé par la ſolidité du fond qu'il rencontra. Cette ſolidité n'étoit que factice, puiſqu'elle venoit uniquement des reſtes de voûtes & de fondemens de l'ancien Cirque de Néron, lequel portoit lui même ſur un terrein mouvant.

A cette faute Maderne en ajouta une autre qui en rendit les effets encore plus funeſtes. Le ſol eût-il été des plus ſolides, la hauteur & la peſanteur de l'édifice que l'on méditoit, exigeoient que les fondemens fuſſent d'une grande largeur, conſtruits à la main de pierres vives & taillées au ciſeau ; qu'on établît dans tous les environs des maſſifs armés de contre-forts en talud, qui appuyaſſent la partie des fondemens ſur laquelle devoient porter perpendiculairement les murailles. On ne fit rien de tout cela, on se contenta de creuser des fosses, comme s'il s'étoit agi d'un édifice ordinaire, on les remplit de chaux & de quartiers de pierre informes; & l'on voit ce qui devoit arriver à une maçonnerie jettée au hasard & sans ordre sur un terrein d'eaux courantes; maçonnerie nécessairement inégale, vu le peu de liaison entre les différentes parties qui la composoient.

Enfin, pour qu'il ne manquât rien de ce qui pouvoit constater l'inexpérience du nouvel Architecte, Maderne se trompa dans l'allignement de son édifice. La surface du terrein où il travailloit étoit couverte des débris de l'ancienne Basilique, & des divers matériaux nécessaires dans une vaste construction. L'Architecte n'eut pas assez de lumières pour se conduire au milieu de ces embarras, & pour prolonger sans déviation la ligne centrale du Temple de Michel-Ange. Il la fit fléchir du côté du Midi, ensorte que les fondemens qu'il planta faisoient angle avec ceux de la partie déja construite, d'où devoit résulter dans la suite un coude semblable à ceux que nous voyons dans quelques Temples Gothiques.

Tandis qu'on travailla ſous terre, Maderne ne s'apperçut point de ſon erreur; mais il la vit, lorſque la maçonnerie fut au niveau du ſol ſupérieur. Pour la réparer, le plus sûr, quoique le plus diſpendieux, étoit de recommencer ces fondemens, ou au moins d'ajouter à leur largeur, afin de pouvoir redreſſer la ligne centrale, en redreſſant les deux lignes parallèles de l'enceinte. Maderne ne voulut point donner à connoître qu'il s'étoit groſſièrement trompé, & crut que dans un édifice auſſi vaſte que Saint-Pierre, la déviation ne ſeroit point apperçue. Cependant, pour la rendre moins ſenſible, il redreſſa le plus qu'il put les murailles, & les ramena ſur la même ligne que les anciennes, mais ſans élargir les fondemens ſur leſquels les murailles courent en diagonale. Il arrive de là qu'à l'extrémité qui touche en-dehors le portique, les fondemens n'ont qu'un pied quatre pouces d'empattement ou de reſſaut hors de la perpendiculaire du mur qu'ils portent. C'eſt ce qu'on reconnut dans les viſites qu'on fut dans la ſuite forcé de faire dans cette partie de l'édifice, & par elle on peut juger de celles dont je ne parle pas. Fontana aſſure que malgré les efforts de Maderne, les Architectes apperçoivent un coude dans le Nef de Saint-Pierre. Je me ſçais bon gré de n'être pas aſſez habile pour découvrir ce défaut, qui après tout doit paſſer pour nul, dès qu'il ne frappe point ; que pour le ſaiſir il faut prendre en main le Compas & l'Equerre, que la beauté de l'édifice & le plaiſir du Spectateur n'en ſont point altérés.

Portique de Saint-Pierre.

Maderne croyoit ſa réputation en ſûreté par les précautions qu'il avoit priſes, lorſqu'un accident, auquel il devoit naturellement s'attendre, vint troubler ſa joie. Preſque au moment où il alloit terminer ſon ouvrage, l'extrémité Méridionale du portique s'ouvrit tout-à-coup en pluſieurs endroits, & menaça ruine, effet néceſſaire de la foibleſſe des fondemens & de la mobilité du terrein. Car il eſt à remarquer que cet endroit étoit préciſément le plus mauvais de tout le vallon, & que là, comme dans un réſervoir, ſe rendoient toutes les eaux des environs pour aller enſuite ſe décharger dans le Tibre. Afin de prévenir la chûte inévitable du portique, Maderne fit creuſer; mais à trop peu de diſtance des fondemens, un ſeul puits qu'il remplit de chaux & de pierres. Cela n'ayant pas ſuffi, & le portique continuant à s'ouvrir, on creuſa d'autres puits qu'on remplit comme le premier. Le terrein parut prendre alors un peu de ſolidité, & le portique s'acheva. Mais la ſuite fit voir que ces précautions employées après coup n'avoient point détruit la cauſe du mal.

ARTICLE IV.

SAINT-PIERRE DE ROME. Laurent Bernini dit le Chevalier Bernin.

POUR ne point interrompre le récit des accidens arrivés à la Basilique de Saint-Pierre, je passe tout d'un coup de l'année 1615, dans laquelle fut achevé le portique par Maderne, à l'année 1638 où le Bernin commença les *Campaniles*. Tout le tems qui sépare ces deux époques fut employé à la décoration intérieure du Temple, article que je me suis engagé à ne pas toucher.

Depuis la mort de Michel-Ange, Rome n'avoit point eu d'Artiste qui en approchât plus que le Chevalier Bernin par la multiplicité & l'excellence des talens. Bernin, né à Naples, étoit Peintre, Sculpteur & Architecte, d'un esprit élevé & de mœurs sévères. C'est à la Sculpture qu'il doit le plus grand éclat de sa réputation: mais s'il m'étoit permis de hasarder un jugement sur le mérite de cet homme célèbre, j'oserois dire que dans les monumens d'Architecture qu'il a conduits, on trouve un goût plus ſain & plus Antique, que dans les morceaux de Sculpture travaillés ou par lui-même, ou ſur ſes deſſins, quoiqu'en Architecture il ait auſſi fait des fautes, qu'on pourroit appeller fautes d'imitation & de routine. En général, il eſt maniéré dans ſes Statues drapées ; il prodigue autant l'étoffe que les Grecs l'épargnoient ; il y met un fracas qui ſuppoſe toujours ſes figures au milieu des tempêtes, les fait paroître maigres, fatigue l'œil & le rebute. Il dut le commencement de ſa fortune à Urbain VIII, qui bon connoiſſeur en talens, le chargea, pendant tout ſon Pontificat, d'entrepriſes importantes pour la Baſilique du Vatican. Les plus conſidérables furent l'érection du Baldaquin de bronze de la Confeſſion de Saint-Pierre, & la conſtructions des Tours ou Campaniles dont je vais parler.

Campaniles du portique de St.-Pierre.

Maderne n'avoit ſi fort élargi la façade du Temple, qu'afin de pouvoir ériger ſur les extrémités, des tours qui lui donnaſſent de la grace, & augmentaſſent celle de la Coupole. Mais la foibleſſe du portique l'avoit empêché d'exécuter ſon deſfein dans toute ſon étendue. Perſonne après lui n'oſa le reprendre, & il ſembloit qu'on eût abſolument renoncé aux Campaniles, lorſque Urbain VIII entreprit de les faire conſtruire. Le Bernin étoit ſon Artiſte favori, & ce fut lui qu'il chargea de cette opération.

Les Tours telles que les imagina l'Architecte, paroiſſoient ne devoir ſervir qu'à la décoration; il n'étoit guères poſſible d'y placer des cloches d'une certaine groſſeur. Priſes en elles-mêmes elles étoient d'une grande élégance; mais elles ne ſe raccordoient pas bien avec le portique qui lui ſervoit de baſe. La raiſon générale eſt, qu'il eſt preſqu'impoſſible qu'un grand morceau d'Architecture, dont toutes les parties n'ont point été inventées & deſſinées en même-tems par le même Architecte, ait cette harmonie qui naît des corrections que fait dans ſon plan, avant de l'exécuter, l'Artiſte qui l'a conçu. Une raiſon plus particulière eſt, que les colonnes du portique ayant plus de huit pieds de diamètre, les Campaniles ſeroient devenus d'une hauteur exorbitante ſi l'on eût entrepris d'y obſerver une dégradation proportionnée

proportionnée à l'ordonnance du portique laquelle est gigantesque. Le Bernin ayant à travailler après un Architecte qui n'étoit rien moins qu'habile, & trouvant une base qu'il n'étoit point en son pouvoir de réformer, imagina ce qu'il crut y convenir le moins mal, & il y auroit eu de l'injustice à lui faire un crime de l'ignorance d'autrui.

Mais dans l'érection de ces Tours, il débuta par une faute dont on ne l'auroit pas cru capable, attentif comme il l'étoit ordinairement dans tous ses ouvrages. Il ne pouvoit pas ignorer ce qui étoit arrivé sous Maderne, lorsque l'on construisoit l'extrémité Méridionale du portique. Avant de la surcharger d'un nouveau poids, il convenoit donc qu'il s'assurât de la solidité des fondemens dont il avoit tant de raisons de se défier. Il est vrai qu'il les fit visiter par des Chefs-Maçons; mais ces manœuvres se trouvèrent être précisément les mêmes qui avoient travaillé sous Maderne, & qui dès-lors étoient intéressés à répondre de leur ouvrage. Ils firent un rapport infidèle au Bernin qui sur la foi d'autrui commença le 2 Janvier 1638, le

Campanile du côté du Midi, il en avoit achevé les deux Ordres complets, lorsque la partie du portique sur laquelle ils portoient, fit quelques mouvemens, & qu'il s'y ouvrit en plusieurs endroits des lézardes considérables.

On peut juger quelles clameurs s'élevèrent contre le Bernin qui avoit beaucoup de rivaux & quelques ennemis, parmi lesquels étoit le Borromini. On n'épargna pas Urbain VIII lui-même à qui l'on reprochoit que la préférence accordée au Bernin dans la direction de tous les ouvrages publics étoit injurieuse à Rome, où il ne manquoit pas d'habiles Artistes qu'on laissoit dans l'obscurité pour élever un seul homme. A en croire les Détracteurs, le Campanile menaçoit d'une ruine inévitable, laquelle entraîneroit celle du portique.

Le Bernin se défendit de son mieux, mais il faut convenir qu'il avoit une mauvaise cause à soutenir. Il prétendit que son Campanile n'avoit point perdu son à-pomb; que ce qu'on regardoit comme des crevasses qui annonçoient la foiblesse des fondemens, n'étoit que la suite ordinaire des efforts d'un édifice qui prend ſon aſſiète ; qu'enfin il n'avoit commencé à travailler que ſur l'aſſurance qu'on lui avoit donnée, que le portique étoit en état de porter une ſurcharge. Sur ce dernier point le Bernin avoit été trompé, parce qu'il n'avoit pas employé l'œil du Maître, le ſeul bon & recevable en pareille circonſtance. De plus, les crevaſſes qui s'étoient ouvertes dans ſon ouvrage naiſſoient d'un détachement ſenſible de parties ; elles règnoient dans toute la hauteur du portique, & pénétroient juſque dans les deux Ordres du Campanile, ce qui venoit, non pas d'un affaiſſement perpendiculaire & ſimultanée, mais du mouvement irrégulier d'une partie des fondemens qui cédoit & rompoit ſa liaiſon avec le reſte. Cela ſuffiſoit pour démontrer que toute la maſſe avoit perdu ſon àplomb ; point difficile à vérifier autrement à raiſon de la grande hauteur, de la multitude des reſſauts & des ornemens qui interrompoient la ligne perpendiculaire.

Cependant ſoutenu de l'amitié & de la protection d'Urbain VIII le Bernin eût triomphé de la cabale ennemie, ſi le

Pontife n'étoit pas mort en 1644 ; il fut remplacé par Innocent X dont la faveur ſe déclara d'abord pour le Borromini. Celui-ci en profita, pour écraſer un Artiſte dont il étoit en quelque façon l'élève, mais dont il n'égaloit pas à beaucoup près le mérite. Il anima ſon parti, & les cris recommencèrent. Le Pape forma une Congrégation & nomma des Experts pour examiner l'état du portique & du Campanile ; & ce fut alors que ſe manifeſtèrent & l'inattention de Maderne, & l'imprudente crédulité du Bernin. D'habiles Architectes qui viſitèrent les fondemens du portique du côté du Midi, les trouvèrent preſqu'entièrement dégradés par les eaux courantes qui les inondoient de toutes parts, en avoient emporté les cimens, & produit par-tout d'énormes cavités. En conſéquence de ces obſervations, les mêmes Architectes proposèrent de faire quelques réformes dans le Campanile, afin de le rendre plus léger, en mêmetems qu'on fortifieroit le pied de l'édifice. C'étoit l'avis des amis du Bernin, mais ſes ennemis vouloient la deſtruction totale de ſon ouvrage. Ils firent jouer tant de ressorts, qu'enfin Innocent X ordonna d'abattre le Campanile; ce qui fut exécuté en 1647. Il en avoit coûté cent mille écus Romains (500000 liv.) pour l'élever, il en coûta douze mille pour le détruire. Les non-valeurs de cette force se rencontrent souvent dans la construction de Saint-Pierre.

Les raisons qui engagèrent à détruire le Campanile ont depuis empêché d'en tenter de nouveau l'exécution. Cette décoration eût été de trop, si on avoit laissé au Temple la forme que lui avoit donnée Michel-Ange, mais elle paroît aujourd'hui nécessaire pour rompre la monotonie d'une façade beaucoup trop basse pour sa largeur.

Voilà, ce que me fournit l'historique de la construction de Saint-Pierre de Rome. Ce n'est pas que depuis les accidens dont je viens de parler, il n'en soit arrivé dans ce grand édifice beaucoup d'autres aussi funestes, & qui semblent annoncer qu'au moins la Coupole n'a peut-être pas encore deux siècles à subsister, mais ce seroit abuser de la complaisance du Lecteur, que de l'entretenir plus long-tems d'un ſujet qui a fourni matière à de gros Volumes. Je me contenterai donc d'indiquer deux Anecdotes qui regardent la Coupole en particulier, & que l'on trouvera exactement détaillées, la première dans la vie du Bernin par Baldinucci, la ſeconde dans les Mémoires du Marquis Poleni ſur les importantes réparations faites à la Coupole en 1743, & auxquelles le Marquis lui-même préſida.

Baldinucci inſtruira de la calomnie atroce répandue contre le Bernin, lorſqu'à l'occaſion d'une lézarde que l'on découvrit en 1680, dans la Coupole intérieure, il fut accuſé d'avoir creuſé les piliers qui la portent, & de les avoir extrêmement affoibli par cette opération. La ſeule inſpection des plans du jeune San-Gallo, de Peruzzi & de Michel-Ange ſuffiſoit pour juſtifier le Bernin; mais ſes ennemis n'avoient garde de les mettre ſous les yeux du public; & puis, le public une fois prévenu, s'obſtine aſſez ſouvent à ne pas voir les objets les plus évidens. Le Bernin n'eſſuia que le commencement de l'orage excité contre lui, mais il paſſa les derniers mois de ſa vie dans l'amertume, & ſa mémoire ne fut vengée que deux ans après ſa mort (1).

Des amples & ſçavans Mémoires du Marquis Poleni, il réſulte que les dom-

(1) Michel-Ange n'avoit rien tant recommandé, que de ne point toucher aux piliers de la Coupole; & de n'y ajouter aucune eſpèce d'ornemens qui pût les affoiblir. Quelle feroit donc aujourd'hui ſa douleur, s'il les voyoit hacher pour placer d'énormes tableaux en moſaïque? Il faut ſçavoir que les anciens tableaux des Autels adoſſés aux piliers de la Coupole, étoient peints ſur des tables d'ardoiſe d'un pouce tout au plus d'épaiſſeur. La pierre qui ſert aujourd'hui de fond au maſtic deſtiné à recevoir la moſaïque eſt épaiſſe de ſix pouces au moins. Or, afin que ces nouveaux tableaux n'aient pas plus de ſaillie que les anciens, il eſt néceſſaire de pratiquer dans le vif des piliers un enfoncement proportionné à la hauteur, à la largeur & à l'épaiſſeur du tableau; & ce ſont quatre ou cinq tombereaux de briques & de chaux qu'on en retranche, toutes les fois qu'on y place un nouveau tableau. J'ai été trois fois témoin de ces excavations meurtrières. On cria jadis contre le Bernin qui n'étoit pas coupable. Les accidens arrivés depuis à la Coupole devroient rendre plus circonſpect, quand il s'agit de toucher aux piliers; on les ruine viſiblement & perſonne à Rome ne dit mot.

mages qu'a éprouvés la Coupole de Saint-Pierre ont été occasionnés par la foudre qui frappe fréquemment cette partie du Temple ; par la précipitation avec laquelle elle fut construite sous Sixte V ; enfin par les travaux de Maderne, lesquels étant foibles, & ayant éprouvé bien des secousses, ont pu communiquer leur ébranlement à la partie construite par Michel-Ange. Tous les Mathématiciens & les Architectes consultés en 1743, sur les nouveaux accidens qui allarmèrent Rome, ne s'accordèrent pas sur la cause du mal, mais tous convinrent que le vrai & le seul moyen de le réparer & d'en prévenir un plus grand étoit de serrer la Coupole tant intérieure qu'extérieure par des cercles de fer ; ce qui fut exécuté d'après les mesures données par le Marquis Poleni, & sous la direction de Vanvitelli un des plus habiles Architectes de ce siècle (1).

---

(1) Cette opération n'a point arrêté le progrès du mal qui va toujours croissant. Presque tous les contreforts extérieurs du tambour de la Coupole

Il ne nous reste plus, qu'à faire quelques réflexions sur Saint-Pierre de Rome pris dans sa totalité, afin d'avoir une juste idée d'un édifice sur lequel l'imagination est sujette à s'égarer, ou en n'y trouvant point de défauts, ou en lui supposant des beautés extravagantes, si je puis m'exprimer ainsi. Il est certain que tout n'est point parfait dans la Basilique du Vatican. Mais les défauts de détail qui s'y rencontrent, se perdent dans les grandes beautés de l'ensemble. Et parmi ces défauts de détail, il faut distinguer ceux qui naissent, ou d'une pratique moins sçavante de la grande Architecture, ou d'un goût moins pur dans certaines décorations accessoires. Ceux de cette espèce n'influent point sur

---

sont sillonnés, dans leur hauteur, d'effrayantes lézardes. Pour s'assurer si le tambour continueroit à se déjetter en-dehors, on imagina aussi, en 1743., d'appliquer en travers sur les lézardes perpendiculaires des *queues d'Aronde*. L'effet naturel des lézardes en s'élargissant, étoit de casser par le milieu les queues d'Aronde. C'est ce qui étoit déja arrivé à un grand nombre en 1763, & ce qui prouve que les contreforts continuent à perdre de leur à-plomb.

l'excellence du reſte, & ne ſçauroient altérer la beauté du coup-d'œil, vu la grandeur du vaiſſeau qui les fait diſparoître. En général les autres défauts ne ſont apperçus que par les Architectes du premier Ordre ; leſquels ont encore beſoin de réflexions & de raiſonnemens pour aſſurer la juſteſſe de leurs obſervations. Preuve bien déciſive que les défauts qu'ils y découvrent ſont peu ſenſibles, & ne font dès-lors aucune impreſſion déſagréable ſur le commun des ſpectateurs. Ce qui n'échappe à perſonne, c'eſt l'obſcurité des ailes collatérales conſtruites par Maderne. Elle vient de ce que ces ailes ne reçoivent preſqu'aucune lumière directe. Les petites Coupoles, dont elles ſembleroient devoir en tirer, ne s'élèvent point en-dehors au-deſſus des grandes voûtes, & le jour n'y entre qu'à moitié intercepté par d'autres parties de l'édifice qui dominent ces Coupoles.

La diſtribution intérieure eſt auſſi ſimple qu'elle peut l'être : & certes, cette ſimplicité fait une grande partie du mérite de la Baſilique. Dès que l'on vouloit un édifice qui par ſa capacité ſurpaſsât tous les

Temples anciens & modernes, il ne suffisoit pas d'embrasser beaucoup de terrein dans les murs d'enceinte, il falloit encore le distribuer de manière, que de grosses masses trop multipliées dans les principaux points de vue, n'absorbassent point la surface, ou qu'en la divisant en trop de petites, on n'ôtât point à l'ensemble cette majesté que produisent les grandes divisions. J'ai peine à croire que tous les Temples dont le Soria, Architecte Romain du dernier siècle, nous a donné des plans aient existé; mais si l'Auteur n'a pas travaillé d'imagination, on peut dire que les Anciens se sont quelquefois égaiés à faire du bisarre, puisque parmi les monumens dont je parle, il s'en trouve plusieurs qui paroissent plutôt des labyrinthes que des Temples. Mais il est bon de remarquer que ces édifices étoient très-petits, n'étoient destinés à aucune grande cérémonie, & que dès-lors sans manquer leur objet principal, les Architectes pouvoient suivre leurs caprices & déployer toutes les ressources de leur Art.

Ces jeux d'imagination auroient été déplacés dans un monument comme Saint-

Pierre, qu'on ne pouvoit rendre trop libre. C'eſt à quoi s'appliqua particulièrement Michel-Ange dont l'eſprit juſte & net ne prit point le change ſur ce qui devoit faire le principal mérite de ſon Temple. Il le débarraſſa d'une multitude de petits recoins imaginés par le jeune San-Gallo, & tout eſt tellement dégagé dans les quatre branches de la Croix, que rien n'y dérobe la vue des Saints Myſtères qui ſe célèbrent au centre.

Quant à la partie de la décoration, il faut s'imaginer que tout ce que la Peinture, la Sculpture, l'Art de jetter en bronze, de revêtir de marbre peuvent produire de plus riche & de plus exquis ſe trouve raſſemblé dans la Baſilique du Vatican. La France a la gloire d'avoir fourni des Artiſtes dignes d'y partager avec les Italiens l'admiration des Etrangers. Les Statues de le Gros, de Monnot, de Slodtz ſe ſoutiennent vis-à-vis des morceaux de l'Algarde, du Bernin, de Ruſconi; les tableaux du Pouſſin, de Valentin, de Subleyras rapprochés de ceux du Dominiquin, du Guerchin, de Lanfranc fixent encore les yeux & balancent les ſuffrages des ſpectateurs.

SAINT-PAUL DE LONDRES.

L'ITALIE qui avoit vu renaître chez elle l'Architecture Grecque, qui avoit produit les premiers, & peut-être les plus grands Maîtres que nous connoiſſions dans cette partie des Arts, où enfin il s'élevoit un Temple digne de ſervir de modèle pour les monumens de ce genre ; l'Italie fut auſſi la première contrée de l'Europe, où l'on vit ſe multiplier en peu de tems les édifices ſacrés d'Architecture Grecque que l'on y admire encore aujourd'hui.

A cet égard, la lumière eut peine à franchir les barrières que lui oppoſoient les Alpes. Les Artiſtes François ſi vifs, par le caractère national, à adopter tout ce qui eſt nouveau, ſi ingénieux à ſaiſir, à imiter & à perfectionner tout ce qui eſt beau, ne commencèrent que tard à employer dans leurs Egliſes les ordonnances Grecques, déja d'un uſage général dans les Villes d'Italie. Il n'en faut pas d'autre preuve que certains Temples conſtruits ou décorés dans la Capitale vers le milieu du ſeizième ſiècle, & long-tems après. C'eſt en 1532 que s'élevoit à Paris la monſtrueuſe Egliſe de Saint-Euſtache.

Temples modernes en France.

A la tête de nos Temples conſtruits dans le goût de ceux de Rome, il faut placer celui de Saint-Louis de la rue Saint-Antoine. Ce morceau ne date que du dernier ſiècle, & il a été deſſiné d'après l'Egliſe *du Jeſus*, ouvrage du célèbre Vignole. Sa conſtruction fut comme le ſignal d'une révolution dans la forme & la diſtribution des Egliſes de Paris. On n'y fit plus d'arcades en *tiers-point*; les voûtes à *Ogyves* furent proſcrites, & on alla juſqu'à tenter une Coupole, plus hardie, mieux proportionnée & plus élégante que la meſquine & petite lanterne de Saint-

Louis. Dans celles de la Sorbonne & du Val-de-Grace, Le Mercier & François Manſart déployèrent avec ſuccès des talens, qui juſqu'alors n'avoient fait que s'eſſayer. Enfin, Jules-Hardouin Manſart réunit dans la Coupole des Invalides toutes les parties qui donnent de la majeſté à ces ſortes d'édifices, & en font un point de vue extrêmement piquant dans les Villes qu'elles annoncent de loin aux Voyageurs.

Il doit paroître étonnant après cela, que nos Architectes comparables, je dirois preſque ſupérieurs à tous ceux des autres nations, ne ſe ſoient pas écartés pendant plus d'un ſiècle d'une certaine routine d'ordonnance dans la conſtruction des Temples; par tout des arcades, par-tout des pilaſtres, nulle trace de hardieſſe, des voûtes monotones, des contreforts moins légers que les arcs-boutans gothiques (1),

---

(1) Les contreforts & les arcs-boutans ont été de tout tems deſtinés à réſiſter à la pouſſée des voûtes, ce qui ſuppoſe de la part des Architectes des combinaiſons quelconques. Qu'auront donc penſé les gens inſtruits, en liſant dans un Mémoire polémi-

de longues & hautes murailles dénuées de toute espèce d'ornemens, &c. Rien ne

---

que publié il y a quatre ans : que la construction d'une Coupole sur pendentifs étoit au-dessus des forces des Architectes en Gothique, parce qu'ils ne sçavoient *ni lire ni écrire, & encore moins calculer.* Il est plusque probable, que dans les treizième & quatorzième siècles les Architectes d'Allemagne n'adressoient point à ceux de Paris des Problêmes de Géométrie; je crois aussi sans peine, qu'ils n'employoient pas, pour calculer, les formules Algébriques *a* plus *b* égal à *c* &c. mais quoi, étoit-ce donc à l'aventure que ces habiles & hardis *Bâtisseurs* tenoient les points d'appui de leurs arcs-boutans plus près ou plus loin des murs qui portoient les voûtes; qu'ils donnoient ou ne donnoient pas de l'empattement aux bases de ces points d'appui; qu'ils faisoient les arcs-boutans doubles ou simples; qu'ils les multiplioient ou les rendoient plus rares, à proportion du nombre, de la largeur & de la hauteur des fenêtres; qu'ils sur-haussoient plus ou moins leurs arcades en tiers-point, selon le plus ou moins de charge qu'elles devoient soutenir, &c? de pareilles opérations pouvoient-elles n'être pas nécessairement précédées de combinaisons Géométriques & Physiques? On en découvre de si belles & de si justes dans nos Temples Gothiques, que je ne puis, je l'avoue, souscrire à l'opinion qui refuse à leurs Ar-

prouve

prouve mieux combien le génie, même le plus réel, a peine à se dégager des entraves de l'habitude & de la coutume. Les Eglises de Saint-Sulpice, & de Saint-Roch avoient été commencées avant la colonnade du Louvre, & c'étoit pour les Architectes qui les continuèrent une nécessité de suivre les plans des inventeurs. Mais cette colonnade existoit dès 1670. Comment l'ame des Architectes qui vinrent ensuite ne fut-elle pas remuée, comment leur génie ne prit-il pas l'essor à la vue du chef-d'œuvre de Perrault? Comment ne tentèrent-ils pas d'exécuter dans un Temple une ordonnance qui étoit d'un si grand effet à l'entrée du palais de nos Rois? Il y avoit des arcades à Saint-Sulpice & à Saint-Roch; on continua à en faire usage dans les

---

chitectes la science du calcul. Si de leur tems les Coupoles eussent été à la mode comme les Clochers pointus, ils auroient peut-être été moins embarrassés que ceux qui les renvoient à l'ABC, à imaginer des moyens de donner à leurs voûtes toute la solidité nécessaire, sans avoir recours à de gros & massifs piliers.

Temples. Sur ce point, comme ſur tous les autres, la Province n'avoit garde d'en ſçavoir plus que la Capitale.

Cependant Jules Hardouin Manſart oſa s'écarter de la route battue. La Chapelle de Verſailles devint une nuance bien marquée entre le bon & le meilleur, entre l'invention hardie & la timide imitation: ce fut un heureux eſſai qui auroit dû encourager nos Artiſtes, & qui ne produiſit néanmoins rien de neuf pendant cinquante ans. Il étoit réſervé à nos jours de reproduire dans les monumens conſacrés à la Divinité ce que l'Antiquité Payenne avoit eu de plus noble; de fournir à la poſtérité des modèles dignes de fixer ſon goût; de former dans l'Hiſtoire de l'Architecture une époque célèbre; de détruire enfin la fauſſe opinion, que le François ne ſçait point inventer en grand... mais je dois m'arrêter ici, parce que je ne veux ni allarmer la modeſtie, ni affiiger l'amour-propre, ni réveiller la jalouſie.

Temples modernes en Allemagne & en Angleterre.

Ce que l'on n'avoit pas vu en France, il ne falloit pas s'attendre de le voir ailleurs, moins encore en Allemagne & en Angleterre, que dans les Contrées Méridionales de l'Europe. L'Allemand & l'Anglois crieront ici *à la vanité Françoise*. Ils auront tort, s'ils font attention que j'écris sur les Temples. Le Luthéranisme devint chez les premiers la Religion dominante; le Schisme éclata chez les seconds précisément au tems, où les premiers rayons de la bonne Architecture pouvoient pénétrer dans leur pays. Comme nous, ils avoient de magnifiques Temples Gothiques; ils en renversèrent les Autels, ils en pillèrent les trésors, mais ils consacrèrent à leurs nouveaux Rits ceux que le Fanatisme ne détruisit pas. Leurs cérémonies multipliées, moins fréquentes & plus simples que celles de l'Eglise Romaine, n'eurent besoin pour les fêtes les plus solennelles que du principal Temple de chaque Ville.

Avec l'ancienne Religion tombèrent nécessairement chez eux les Institutions, les Sociétés qui y tiennent & en dépendent. Plus de nouveaux Monastères, plus de Confréries; & dès-lors plus de nouveaux Temples, plus de Chapelles particulières. L'Architecture *sacrée* resta donc en Allemagne, & plus encore en Angleterre, à-peu-près au point où elle s'y trouvoit vers le milieu du ſeizième ſiècle.

Dans les Etats Catholiques de l'Allemagne, on vit paroître, de tems en tems, quelques imitations imparfaites des Egliſes d'Italie, mais on n'y trouve rien qui les rende recommandables. La Chapelle électorale de Dreſde, conſtruite ſous Auguſte III, eſt la ſeule qu'on puiſſe mettre au nombre des Temples de bonne manière. Chiaveri, Architecte Romain, en a donné le deſſin & conduit la conſtruction.

Je me ſuis convaincu en Allemagne de ce que je ſoupçonnois déja fortement, avant d'avoir voyagé; ſçavoir, qu'il y a d'excellentes choſes en tout genre ailleurs qu'en France. Après une déclaration ſi juſte & ſi préciſe de ma façon de penſer, on ne me fera pas, je l'eſpère, un crime, d'ajouter: qu'en ce qui appartient, en Architecture, au naturel des formes, à une exacte exécution des Ordres Grecs, à la juſteſſe des proportions, à l'harmonie des profils, au goût des ornemens, à la légèreté, à la correction du deſſin, la partie de la Germanie que j'ai vue me paroit encore un peu éloignée, non-feulement de la perfection, mais même d'une certaine pratique qui fatisfait le premier coup-d'œil. Je n'affignerai point à une pareille fingularité des caufes auffi injuftes qu'elles feroient odieufes; mais qu'on m'explique donc, fans infulter perfonne, comment il eft arrivé que le vafte palais du *Belvedere* de Vienne, conftruit au commencement du dix-huitième fiècle par les ordres, aux frais, fous les yeux du Prince Eugène, ne foit, pour ainfi, dire qu'un édifice Gothique dans la partie de la décoration extérieure? Pourquoi encore le Château Impérial de Schonbrun n'offre-t-il du côté des jardins prefque rien de mieux traité que le *Belvedere*? Le feul Temple de la Capitale de l'Autriche qui annonce un peu plus de talent & de goût, eft celui de Saint-Charles, monument de la magnificence & de la piété de l'Empereur Charles VI. Mais conçoit-on pourquoi l'Architecte a donné la forme ovale à fa Coupole qui eft d'un grand diamètre; quelle efpèce de beauté il a pu entrevoir dans deux grandes & deux petites arcades, dans des pendentifs irréguliers, dans une diſtribution déſagréable des pilaſtres intérieurs du tambour? Seroit-il donc vrai, qu'après la renaiſſance de l'Architecture Grecque, les Allemands vouluſſent encore, par reſpect, tenir un peu au Gothique de leurs pères, comme les Italiens tinrent toujours, au milieu du Gothique, à la manière des anciens Romains? Je n'ai parlé que de Vienne, parce qu'elle eſt le ſéjour d'une grande Cour, & qu'elle devroit naturellement être plus qu'aucune autre Ville d'Allemagne, celui de tous les grands talens; j'aurois pu citer encore Gratz, Prague, Munich, &c. pour juſtifier ce qui n'eſt peut-être en moi que le préjugé, non d'un François, mais d'un demi-connoiſſeur.

Mais je vois les Anglois me montrer avec complaiſance Saint-Paul de Londres, & après un parallèle de cet édifice avec Saint-Pierre de Rome, balancer ſur la préféance du côté du mérite entre Michel-Ange & le Chevalier Wren.

Mon deſſein n'eſt aſſurément pas de m'élever avec humeur contre leurs prétentions, mais comme ils ne me pardonneroient pas d'avoir paſſé ſous ſilence le plus beau monument de leur pays, dans un ouvrage qui traite des Temples modernes, ils ne doivent pas s'offenser, qu'en parlant de Saint-Paul, j'indique en peu de mots, d'après les plans & les coupes, ce qui m'y paroit défectueux.

Ce Temple commencé en 1670, & achevé en 1726 sur les dessins & sous la conduite du Chevalier Wren est, après Saint-Pierre de Rome, le plus vaste Temple moderne de l'Europe; il en est aussi le plus frappant par le grand appareil d'Architecture Grecque que l'inventeur y a déployé. Mais cette Architecture y est-elle traitée, avec ce goût, cet accord, cette sagesse qui distingue la Basilique de Michel-Ange? Au milieu de l'ordonnance Corinthienne qui règne dans tout l'édifice, n'apperçoit-on pas dans un grand nombre de parties de détail, un mélange de maigreur & de pesanteur qui tient un peu au discordant du Gothique?

Sans parler des défauts essentiels & visibles de proportion dans quelques dimensions principales, pourquoi ces licences qui doivent choquer des yeux un peu accoutumés à l'élégante précision de l'Antique, & de l'excellent Moderne si commun au tems du Chevalier Wren ? Pourquoi la suppression de l'architrave & de la frise au-dessus des arcades de la Nef & du Chœur, tandis que par-tout ailleurs l'entablement est complet ? Pourquoi ces arcades trop larges de près d'un tiers pour leur hauteur, ce qui fait paroître les pieds droits extrêmement foibles, & les rend d'autant plus maigres qu'ils ne sont & ne peuvent être décorés que d'un simple pilastre ? Pourquoi le sommet des arcades s'éleve-t-il, comme au Temple de la Paix, au-dessus du chapiteau des pilastres, de toute la hauteur de l'architrave & de la moitié de celle de la frise? Pourquoi cette énorme Coupole qui paroit écraser le Temple, parce qu'elle a une hauteur & une circonférence extérieure disproportionnée aux autres dimensions de l'édifice ? Pourquoi la surface intérieure du tambour disposée en cône tronqué, ce qui met les pilastres dont elle est ornée hors d'à-plomb, & les fait pencher vers le centre ? &c. On pourroit multiplier ces questions ; & il seroit difficile d'y répondre de façon à justifier toute l'admiration des Anglois, & à ſauver au Chevalier Wren le reproche d'avoir ſouvent manqué de goût. Il a été grand Géomètre & habile Architecte; il a érigé un vaſte édifice noblement diſtribué; mais ſon Temple eſt bien éloigné d'égaler Saint-Pierre de Rome, non-ſeulement par la grandeur & par la ſomptuoſité de la décoration, puiſqu'il n'y en a de nulle eſpèce dans Saint-Paul de Londres, mais encore du côté de l'obſervation exacte des bonnes règles, enfin de cet enſemble qui, malgré pluſieurs défauts, rend & rendra long-tems la Baſilique du Vatican la merveille de l'univers.

Décoration des Temples Gothiques.

Il me reſte à dire un mot de la décoration intérieure des Temples du Chriſtianiſme. Ce que j'en ai touché dans quelques autres Articles ſuffit pour donner une juſte idée de la ſimplicité des Egliſes juſqu'à la naiſſance du Gothique. A Rome de plates Peintures en détrempe, remplacées enſuite par d'auſſi plates moſaïques; ailleurs, des murailles toutes nues. Le Gothique n'admit, hors de l'Italie, ni peinture, ni moſaïque, parce que ſa manière de diſtribuer, ſur-tout dans les grands édifices, ne laiſſoit pour l'une ou pour l'autre aucun eſpace commode. Mais il fut le règne de la Sculpture, barbare comme lui. Le dedans, le dehors, les portails des Temples furent ſurchargés de Statues & de bas-reliefs; vis-à-vis deſquels l'ignorance de l'ouvrier détruit l'impreſſion religieuſe que devroit faire le ſujet de l'ouvrage. Peut-on contempler ſans rire, les triſtes ſquelettes qui décorent le portail de Notre-Dame de Paris? Toutes les anciennes Cathédrales de France, & des pays étrangers offrent la même profuſion d'informes marmouſets. Ajoutez les *gargouilles* qui ſervent de gouttières, les ſinges, les griffons, les renards, tant d'autres animaux immondes repréſentés dans des attitudes effrayantes ou groteſques.

Décoration des Temples modernes.

Quant au goût actuel de décoration, tout le monde le connoît. L'Italie, & l'Italie ſeule eſt encore une bonne école pour cette partie. Les élèves qu'on y envoie ſe tiendront néanmoins en garde contre un certain *papillotage* de décoration théatrale qui, depuis le commencement de ce ſiècle s'eſt introduit à Naples, à Veniſe, & même un peu à Rome, quoique la pureté du goût s'y soutienne beaucoup mieux qu'ailleurs. Les Italiens, les Romains sur-tout, ont pour orner brillamment leurs Eglises des avantages qu'on ne trouve que chez eux, l'abondance, la variété & la richesse des marbres. L'industrie des Artistes y répond, & d'une seule colonne de marbre antique divisée en feuilles presque transparentes, tant elles sont minces, les marbriers ont l'art de revêtir plusieurs colonnes de pierre.

Les grandes fresques qui couvrent les voûtes de presque tous les Temples de Rome, ont un éclat, une majesté que le tems n'altère pas. Les chef-d'œuvres du Dominiquin, de Lanfranc, de Pietre de Cortone, du Bacciccio, de Pozzo, de Conca, &c. conservent encore toute la fraîcheur, toute la vivacité du premier jour; tandis que les Peintures de ce genre, exécutées presque sous nos yeux à Paris, sont sur le point de disparoître entièrement sous la vapeur meurtrière qui noircit tout dans cette Ville.

La mosaïque.

Un Amateur exhortoit, il y a quelques mois, les Artistes François à saisir le secret, à imiter la composition de ces belles mosaïques qui font une des richesses de Saint-Pierre de Rome. J'ose me joindre à lui, pour accélérer l'accomplissement de ses vœux. Outre la gloire d'ajouter à nos talens, ce que je viens de dire de nos peintures d'Eglise est un motif de plus pour exciter l'industrie. Mais elle ne suffit pas seule. La dépense qu'entraînent les grands morceaux de mosaïque, la multitude des procédés qu'ils exigent, la lenteur nécessaire dans l'exécution ne permettroient pas à un Artiste isolé d'entreprendre des ouvrages de cette espèce. Il faudroit que le Gouvernement se chargeât de l'établissement, & que l'attelier fût sur le même pied que la Manufacture de Tapisseries des Gobelins, ou celles des glaces. Un tableau de la grandeur de ceux de Notre-Dame ne pourroit s'exécuter, recevoir son dernier poli, & être mis en place, qu'après un travail de près de trois ans, même en employant deux Ouvriers à la seule composition du tableau. De plus, comme la mosaïque ne convient guères que dans les Eglises, elles ne pourroit jamais être un objet d'utilité ou de curiosité, que pour les riches Paroisses, &

les Citoyens opulens de la Capitale. Quel Artiste, s'il n'est soutenu par la magnificence du Souverain, trouvera dans sa fortune particulière des fonds suffisans, pour commencer & perpétuer une entreprise extrêmement dispendieuse.

Les bas-reliefs.

Mais, en attendant que la mosaïque vienne embellir nos Temples, ne pourroit-on pas étendre l'usage d'une autre espèce de décoration, que nos Sculpteurs exécutent aujourd'hui mieux que les Romains, mais qui est traitée trop en petit, & trop rarement employée? Je parle des bas-reliefs substitués alternativement aux tableaux sur les Autels. Peut-on se rappeller, sans un sentiment d'admiration & de plaisir, les sublimes morceaux de Saint-Léon & d'Attila, par l'Algarde; de l'Apothéose de Saint-Louis de Gonzague, par le Gros; de la distribution de Grains aux Egyptiens, du prêt des dix talens de Tobie, au Mont-de-Piété, par le même; du Martyre de Sainte-Agnès à la place Navone, &c? Qu'elle agréable variété ne répandroit pas dans nos Temples un mélange sagement ordonné de la Peinture & de la Sculpture? Quel nouvel objet d'une noble émulation pour nos habiles Artistes ! les bas-reliefs, traités en grand, semblent destinés à augmenter la majesté des nouvelles Eglises de Sainte-Geneviève & de la Madelaine. Ils feront certainement un effet bien plus frappant aux extrémités des deux branches de la Croix de Sainte-Geneviève, que les plus brillans tableaux; ils accompagneront plus heureusement la grande machine placée sous la Coupole. Mais abandonnons au génie des Grands Maîtres qui abondent aujourd'hui parmi nous, le soin d'accompagner par la richesse de la Sculpture celle de l'Architecture qui approche de plus en plus de la perfection. Ces deux Arts sont si liés, que les succès de l'un encourageront l'autre, qu'ils se fourniront mutuellement des ressources. Par eux, nos Temples n'auront rien à envier du côté de la magnificence à ceux de l'Antiquité Payenne, & soutiendront, peut-être avec avantage, la comparaison vis-à-vis de ce qu'il y a en ce genre de plus célèbre en Italie.

DISSERTATION

Sur les vrais Destructeurs des grands Edifices de l'ancienne Rome.

IL règne parmi les Gens de Lettres, & sur-tout parmi cette foule d'hommes qui n'en sont que les échos, un préjugé aussi ancien que la renaissance des Arts : c'est que les Goths & les Vandales ont été les Destructeurs des grands Edifices de l'ancienne Rome. Ce préjugé est parti de Rome moderne, qui ayant beaucoup à se reprocher sur ce point, a rougi de ses torts, & a rejetté sur autrui des fautes qui lui appartiennent en grande partie. Ceux qui dans ces derniers tems ont écrit sur les Arts, ont adopté sans examen une accusation qui se soutenoit depuis plus de deux ſiècles ; leur enthouſiaſme pour les belles productions de la Sculpture & de l'Architecture, le regret de ne plus voir que des ruines de tant de merveilles, le défaut de critique leur a fait précipiter leurs jugemens, & ils ont répété, l'un après l'autre, de ſanglantes invectives contre les Peuples du Nord. Trouve-t-on encore aujourd'hui une colonne briſée, une ſtatue ſans nés & ſans oreilles, une urne à qui il manque une anſe, &c. mille voix s'élèvent, & l'on dit tout de ſuite & ſans héſiter : voilà ce qu'ont fait les Goths.

Il n'eſt pas douteux que les Goths n'aient occaſionné la deſtruction d'un grand nombre de beaux monumens; mais ils ſont à cet égard dans le cas de tous les Conquérans qui portent la guerre dans un Empire étranger ; à ſa ſuite, vont l'incendie & le ravage. Pour trouver les Goths & les Vandales plus coupables que les autres, il faut prouver contre eux, qu'en ſortant de leur pays pour fondre ſur l'Italie, une partie de leur objet étoit d'annéantir ce que les Arts avoient produit de plus merveilleux; qu'aumoins arrivés aux pieds des

des murs de Rome, en même-tems qu'ils règloient le plan de leurs opérations militaires, ils arrêtoient aussi qu'ils renverseroient les Cirques, les Théatres, les Thermes, &c. qu'ils briseroient les Statues, précisément parce que tout cela étoit beau, parce que c'étoit des chef-d'œuvres; car c'est la raison que l'on donne communément de leur mauvaise humeur. On veut que leur haîne contre les Romains soit allé jusqu'à vouloir abolir les monumens de leur magnificence, en même-tems qu'ils renversoient leur Empire; mais c'est ce que ne prouveront jamais les ennemis les plus déclarés des Goths; & dût-on m'appeller moi-même Goth & Vandale, j'entreprends de prouver le contraire. Si j'y réussis, j'aurai l'avantage toujours estimable d'avoir banni de la République des Lettres une erreur accréditée; en manquant mon but par rapport aux autres, il me restera au moins à moi-même le plaisir de m'être instruit par mes propres yeux, & d'avoir appris à ne pas prononcer légèrement sur le rapport d'autrui.

Les Goths n'ont pas détruit les grands édifices de Rome; ils n'ont pas même pu les détruire. C'eſt d'après l'Hiſtoire & à l'inſpection des pièces qui forment le corps de délit que nous allons décider, ſi les attentats dont on charge les Barbares ſont réels.

En parcourant les Annales du bas-Empire, je trouve que les Peuples du Nord, ont aſſiégé & pillé Rome cinq fois dans l'eſpace de cent trente-neuf ans. Jettons un coup-d'œil rapide ſur les évènemens qui précédèrent & amenèrent comme par degrés la première cataſtrophe de la reine des Villes ſous Alaric, parce qu'ils lui furent en quelque ſorte plus funeſtes que la cataſtrophe elle-même, dans le ſens que l'entendent les détracteurs des Goths.

Alaric.

Alaric n'étoit pas le premier Chef de ces Peuples appellés Barbares qui eût pénétré en Italie; Radagaiſe lui en avoit montré la route en y conduiſant une nombreuſe armée de Huns. Alaric y entra après lui en 400, à la tête des Goths (1).

(1) Les Hiſtoriens comprennent aſſez ſouvent ſous le nom générique de *Goths*, les Huns, les Alains, les Suèves, les Gépides, les Hérules, &c.

Après ſa défaite, ou ſa victoire douteuſe près d'Aſti en 403, il alla s'établir avec ſon armée dans la Pannonie Occidentale, aujourd'hui l'Autriche. Stilicon, Général d'Honorius, qui commençoit à trahir ſon Maître, & vouloit ſe ſervir d'Alaric pour exécuter ſes projets, engagea l'Empereur à conclure avec lui une eſpèce de trève, & à lui payer même un tribut annuel. Il paroit que juſqu'en 408 on fut aſſez exact de part & d'autre à obſerver les Articles de la Paix, mais Stilicon ayant été tué cette année par ordre d'Honorius, Alaric, ſous prétexte de venger la mort de ce Général avec qui il avoit des intelligences, & de répéter une partie du tribut qu'on lui devoit, ſortit de la Pannonie, & s'avança dans la Norique (1). Il envoya delà notifier ſes intentions à Honorius qui étoit à Ravenne. Il lui demanda même une augmentation dans le tribut. Toutes ſes propoſitions furent rejettées, & il ſe prépara à la guerre.

Pour la faire avec plus de ſuccès, en

(1) La Bavière.

y employant plus de forces, il ordonna à ſon frère Ataulphe qui étoit reſté en Pannonie de raſſembler tout ce qu'il pourroit de Goths & de Huns établis dans ces quartiers, & de venir le joindre au plutôt. Il ne l'attendit pas; s'étant mis en marche avec ſon armée, il rentra dans l'Italie ſans trouver d'obſtacles, paſſa le Pô à Crémone, ſe rendit à Bologne, enſuite à Rimini, traverſa la Marche d'Ancône, ſe répandit comme un torrent dans la Campagne de Rome, & vint s'établir ſous les murs de cette Capitale de l'univers, qui depuis Annibal n'avoit point vu d'ennemis étrangers ſi près de ſes portes. Elle fut tellement reſſerrée, qu'on y éprouva bientôt la plus cruelle famine.

Les Romains abandonnés par Honorius, réduits à l'extrémité, & ne croyant pas qu'Alaric conduisît en perſonne le ſiége, prirent enfin le parti d'envoyer au camp des Députés pour traiter de la paix. Conduits à la tente d'Alaric qu'ils ne s'attendoient pas à trouver, ils proposèrent un accommodement, mais pour conſerver dans cette humiliante démarche quelqu'air de dignité, un des Députés s'aviſa de dire, que dans le cas où l'on rejetteroit leurs propositions, les Romains étoient encore en état de livrer bataille : *Tant mieux*, répondit Alaric, *plus l'herbe d'une prairie est touffue, mieux on la fauche.* Cette plaisanterie fit rire les Barbares, & déconcerta les Romains. Alaric leur déclara ensuite qu'il ne lèveroit le siége, que lorsqu'on lui auroit livré tout l'or & l'argent, tous les meubles précieux de Rome, & donné la liberté aux esclaves de sa nation qui s'y trouvoient: *Mais*, reprit un des Députés, *que nous restera-t-il donc ? la vie*, repliqua brusquement Alaric ; après quoi il les congédia.

Des demandes si exorbitantes réduisirent les Romains au désespoir, mais ils ne virent pas apparemment d'autres moyens d'éloigner l'ennemi, que de lui accorder à-peu-près tout ce qu'il avoit demandé. Les Députés retournèrent au camp, & proposèrent à Alaric de se contenter de cinq mille livres pesant d'or, de trente mille livres d'argent, de quatre mille habits de soie, de trois mille peaux en pourpre, & d'une grande quantité d'épiceries. Alaric ayant accepté ces offres, on travailla à Rome à les remplir, mais le tréſor public étoit épuiſé, & les Citoyens n'étoient point en état de fournir les ſommes promiſes. On ſe détermina donc à enlever des Temples du Paganiſme les ornemens d'or & d'argent qui décoroient les Statues. Ce dépouillement ne ſuffiſant pas, on fondit les Statues elles-mêmes. Alaric fut ſatisfait & ſe retira. Plus de quarante mille eſclaves, qui s'échappèrent par troupes de Rome, groſſirent bientôt ſon armée.

Après le départ du Roi barbare, les Romains députèrent vers l'Empereur pour le prier de ratifier ce que la néceſſité leur avoit fait faire, pour l'engager à conclure avec Alaric une paix ſolide, & à emprunter même ſon ſecours contre les autres ennemis de l'Empire. Honorius renvoya les Députés ſans leur avoir rien promis. Alaric crut qu'il fixeroit les irréſolutions de ce foible Prince en s'approchant de Ravenne. Il s'avança juſqu'à Rimini, & propoſa encore la paix à l'Empereur, à condition que celui-ci s'engageroit à lui payer un nouveau tribut, à lui fournir des grains pour la ſubſiſtance de ſon armée, à le déclarer Général des troupes de l'Empire tant ſur mer que ſur terre, enfin, à lui céder pour toujours les deux Veniſes, la Norique & la Dalmatie.

Honorius accorda les Articles qui regardoient le tribut annuel, & l'approviſionnement de l'armée, mais il refuſa abſolument à Alaric le commandement des troupes, & un établiſſement fixe dans les plus belles Provinces de l'Empire. Le Miniſtre chargé de la réponſe eut l'imprudence de la lire publiquement. Les refus d'Honorius mirent en fureur le Roi barbare, qui crut qu'on le mépriſoit. Il ſort de Rimini à la tête de ſon armée auſſi furieuſe que lui, & reprend le chemin de Rome, réſolu de ſe venger ſur elle des dédains de ſon Maître. Cependant, il n'avoit pas encore paſſé l'Apennin, qu'il parut ſe repentir de ſa réſolution. Il envoya de nouveau quelques Evêques à Honorius pour renouer le Traité, & les chargea de propoſitions plus modérées que les premières. Il ſe bornoit à exiger quelques contributions en grains, & la propriété de la Norique. Les Evêques n'obtinrent rien , & Alaric continuant sa marche vint pour la seconde fois assiéger Rome. Il menaça le Sénat & le Peuple d'y mettre tout à feu & à sang s'ils ne se donnoient un nouvel Empereur , & ne se joignoient à lui contre l'ancien, qui paroissoit s'intéresser si peu à la conservation de leur Ville & de leurs biens.

Les Romains firent quelque résistance, mais la faim les réduisit bientôt à ce que vouloit Alaric. Ils proclamèrent Empereur un certain Attale, Préfet de Rome. Le Roi Goth leva le siége, & reprit avec Attale le chemin de Ravenne déterminé a y assiéger Honorius. Ce Prince épouvanté se relâcha de sa première fierté, parla d'un accommodement avec Attale, & lui offrit même de l'associer à l'Empire. Certains évènemens arrivés dans ces conjonctures firent craindre à Alaric quelques mauvais retours ; il crut voir que par tant de Traités noués & rompus on ne cherchoit qu'à gagner du tems & à se mettre en forces pour l'accabler. Ce qui acheva de justifier ses craintes, fut que son frère Ataulphe qui lui conduisoit des renforts, ayant été attaqué par un des Généraux de l'Empereur, perdit dans cette action environ quinze cens hommes. A cette nouvelle Alaric transporté de rage se détermina au parti le plus violent contre Rome. Il résolut de détruire enfin une Ville qu'il croyoit avoir trop ménagée jusqu'alors. Il y conduisit pour la troisième fois son armée avide de pillage, & l'investit de toutes parts. Les Romains qui ne voyoient plus de composition à espérer se défendirent avec opiniâtreté, & peut-être les efforts d'Alaric auroient-ils été inutiles, si la faim ne les eût secondés. Elle désoloit la Ville, où il périssoit chaque jour des milliers d'habitans. Bientôt la trahison s'y joignit; quelques postes furent livrées à Alaric qui entra dans Rome la nuit du 24 Août 410 (1).

A ne consulter que le droit de la guerre, à juger de l'étendue de la vengeance d'Alaric par les motifs qui l'avoient allumée, il est assez naturel d'imaginer que tout fut mis à feu & à sang dans une

(1) Zosime, Liv. 5 & 6.

Ville emportée l'épée à la main. Les Auteurs modernes ne ſont pas allé plus loin pour décider que Rome fut détruite par Alaric. Mais on exagère aiſément, quand on écrit des évènemens funeſtes, quand on les écrit long-tems après qu'ils ſont arrivés, ſur-tout quand on les écrit avec des préventions. Cet Alaric que les *Amateurs* peignent avec des couleurs ſi noires, cet ennemi de tout beau monument, ne fit néanmoins dans Rome que les dégâts inévitables dans les circonſtances où il la prit. Il donna même des exemples de modération auxquels on n'avoit pas droit de s'attendre. Il défendit publiquement à ſes ſoldats d'inſulter les femmes, recommanda de répandre le moins de ſang qu'il ſeroit poſſible, & fit annoncer au peuple qu'il eût à ſe retirer dans les Egliſes pour éviter les premières fureurs de ſon armée victorieuſe.

On convient que les Barbares réduiſirent en cendres bien des édifices, mais ces édifices n'étoient & ne pouvoient être que des maiſons particulières ; & il n'étoit pas poſſible que les Vainqueurs ne laiſſaſſent pas quelques traces de leur fureur.

Au reste le plus grand mal se fit pendant les différens siéges; la Ville une fois prise, les Goths s'occupèrent plus à piller qu'à détruire. Ils ne restèrent que trois jours dans Rome; & trois jours suffisoient-ils pour renverser des Cirques, des Théâtres, des Thermes, &c. » Les Goths, dit Jor- » nandes, se contentèrent d'enlever les ri- » chesses de Rome, ils épargnèrent les » édifices; aucune Eglise ne fut brûlée, » Alaric après s'être emparé des trésors » d'Honorius, emmena prisonnière sa » sœur Placide (1)«.

Ce premier désastre de Rome fut suivi d'un second quarante-cinq ans après. On sçait qu'Eudoxie y appella Genseric pour se venger de Maxime meurtrier de Valentinien son premier mari. Le Roi barbare profita d'une si belle occasion d'accumuler de riches trésors; il fit équipper une flotte, & sa marche fut si secrète, que son entrée dans Rome précéda la nouvelle de son départ d'Afrique. Il ne s'y arrêta

Genseric.

(1) Jornandes de Bello Goth : *De Regnorum & temporum successione.*

que quatorze jours, & il les employa à transſporter ſur ſes vaiſſeaux tout ce qu'il put de richeſſes. Le Temple de Jupiter Capitolin y perdit quelques ornemens, grand nombre de Statues furent deſtinées à décorer Carthage, mais tout cela périt dans un naufrage.

Ce que l'on a dit des Goths ſous Alaric, peut ſe dire des Vandales ſous Genſeric : il n'eſt pas probable que ceux-ci perdiſſent à détruire de ſolides édifices, un tems qu'ils pouvoient employer plus utilement au pillage.

Richimer. Dix-ſept ans s'étoient à peine écoulés depuis l'irruption des Vandales, que Rome vit paroître à ſes portes Richimer à la tête des Suèves. Elle voulut réſiſter, mais elle fut enfin forcée de recevoir dans ſes murs les nouveaux ennemis. Ils y firent ce qu'avoient fait les premiers : ils pillèrent & ne détruiſirent pas. Il ne faut point prendre à la lettre les termes funeſtes de *ſaccagement*, de *dévaſtation*, de *renverſement*, *&c.* ſi ſouvent employés par les Hiſtoriens Latins du bas-Empire qui ont parlé des irruptions des Peuples du Nord. En voici la preuve la plus déciſive.

Alaric Roi des Goths prit & pilla Rome en 410 ; Genſeric, Roi des Vandales en 455 ; Richimer, Général des Suèves en 472. Le Règne de Théodoric auſſi Roi des Goths en Italie ne commença qu'en 493, par conſéquent vingt & un an après les derniers évènemens dont je viens de parler. Or tous ces monumens que l'on dit détruits par les Barbares ſubſiſtoient encore ſous Théodoric. J'ouvre Caſſiodore, Secrétaire de ce Prince, & je trouve au troiſième Livre de ſes Epîtres diverſes, Epître 51. Que ſous le Règne du Monarque Goth, le grand Cirque étoit preſqu'en auſſi bon état que dans les plus beaux jours des premiers Céſars ; qu'il n'avoit perdu aucun de ſes ornemens ; qu'on y voyoit encore les pyramides qui ſervoient de bornes, l'Euripe, les deux obéliſques avec tous leurs hiéroglyphes, &c. » Nous ſommes forcés, dit Théodoric, » en parlant des Spectacles qui s'y donnoient, nous ſommes forcés de les » maintenir pour contenter le peuple qui » les demande, & qui aime à s'y délaſſer » de ſes travaux...... fourniſſons donc » aux dépenſes néceſſaires pour les Jeux,

» ſans trop examiner ſi le motif en eſt » bien ſenſé. Les plaiſirs du peuple exigent » que nous nous relâchions un peu de » l'auſtère ſageſſe «. Le grand Cirque ſubſiſtoit donc avec toutes ſes décorations, & l'on y donnoit encore les Spectacles en uſage dans des tems plus heureux.

» Quelque magnifiques que ſoient les » bâtimens des Thermes, » écrit encore Théodoric au Préfet de Rome en le chargeant du ſoin des acqueducs, » que » ſeroit leur beauté, ſans celle des eaux » qui s'y rendent & y forment des eſpèces » de mer?... Je vous charge de l'entre- » tien de ces grands édifices; faites ſur- » tout arracher les Arbuſtes qui croiſ- » ſent dans les murs, & en cauſent » ordinairement la ruine. Réparez ce que » la vétuſté peut y avoir fait de dom- » mage.

» J'ai jugé à propos, écrit encore ce » Prince au Patrice Symmaque, de vous » confier le ſoin de réparer le Théâtre, » dont la vaſte conſtruction commence à » s'altérer. Vos Ancêtres le firent élever » pour l'ornement de leur Ville, il ne

» faut pas qu'il périſſe ſous leurs deſ-
» cendans qui valent mieux que leurs pè-
» res. O tems ! que ne détruis-tu pas, puiſ-
» que tu as pu endommager de ſi ſolides
» édifices. Les montagnes ſembloient de-
» voir céder plutôt à ta puiſſance.....
» J'ai donné mes ordres pour que l'on
» vous fournît de mon épargne les
» fonds néceſſaires à cette réparation,
» afin que vous ayez la gloire d'une en-
» trepriſe ſi utile, & que notre ſiècle ait
» celle d'avoir effacé les outrages des
» ſiècles paſſés (1) «. Il ne s'agit ici, comme on le voit, que de ces altérations inévitables dans les anciens édifices ; ce ne ſont point les ravages de ſa nation que Théodoric veut faire oublier par ſes libéralités. Mais venons à quelque choſe de plus précis encore.

En ſuppoſant que les Barbares fuſſent déterminés à renverſer les grands édifices de Rome, ſi avec la fureur qu'on leur prête, on leur accorde auſſi un peu de

(1) Caſſiod. Variar. Lib. 3, 4, 7.

bon ſens, ils devoient ſans doute commencer par les édifices les plus aiſés à détruire à raiſon de l'eſpèce d'Architecture employée dans leur conſtruction. De ce nombre étoient tous les édifices ſoutenus ſur des colonnes iſolées, ſans maſſifs de pierre, ſans murs de refend; dont par conſéquent les différentes parties ſe prêtoient mutuellement moins de force contre les impulſions du bélier; dont une partie venant à tomber, preſque tout le reſte devoit néceſſairement s'écrouler. Ainſi, les portiques qui entouroient les *forum*, les colonnades qui formoient les Baſiliques, mais ſur-tout les fameuſes colonnes Trajane & Antonine auroient dû éprouver les premiers efforts de la rage des Barbares. Cependant, tout cela étoit encore ſur pied, rien de tout cela n'avoit même ſouffert de dégradation au moins bien ſenſible : » Telle eſt, dit Théodoric, » la magnificence des édifices de Rome, » qu'après les avoir comparés, on ne » ſçait auquel donner la préférence par » ce que tous ſe la diſputent par des beau» tés particulières. L'habitude de voir la » Place de Trajan n'affoiblit point l'im» preſſion

» preſſion que cauſe ſa richeſſe & ſa ma-
» jeſté. Avoir vu le Capitole, c'eſt avoir
» vu des chef-d'œuvres au-deſſus du génie
» humain «.

Jugeons à préſent par comparaiſon, puiſque le génie de trois modernes nous préſente des édifices dans le vrai goût Antique : la colonnade de la Place Saint-Pierre à Rome, la colonnade du Louvre, & bientôt l'Egliſe de Sainte-Geneviève. Que faudroit-il pour que de ces beaux monumens il ne reſtât pas en peu de jours pierre ſur pierre ? uniquement en faire ſauter de diſtance en diſtance quelques colonnes. Ces colonnes qui ne ſont pas préciſément de repréſentation, qui ne ſont ni colées contre des murailles, ni engagées du tiers ou du quart, mais qui portent, en effet, la partie de l'édifice qui eſt au-deſſus ; ces colonnes une fois renverſées, toute la machine s'ébranle, ſe déſunit & tombe avec les appuis qui la ſoutenoient. C'eſt ce qui ne pouvoit pas arriver à des édifices tels que les Cirques, les Théatres, les Amphithéatres, &c. ici les colonnes n'étoient que de pur ornement ; elles paroiſſoient porter un entablement, un ordre ſupérieur, & dans le vrai elles ne portoient ni l'un ni l'autre. Elles étoient engagées de la moitié de leur diamètre, par conſéquent elles faiſoient corps avec le reſte de l'édifice & tenoient à la même baſe ; on pouvoit les effacer ſans nuire à la ſolidité du tout. La deſtruction d'une première arcade, ſur-tout dans le premier ordre, ne donnoit aucune avance pour la deſtruction d'une ſeconde. Les voûtes, les murs de refend y étoient ſi multipliés; les pierres en étoient ſi énormes & ſi dures, qu'entreprendre de renverſer en peu de jours de pareilles maſſes avec des léviers, c'étoit vouloir déraciner des montagnes. Les Goths & les Vandales auroient été les plus ſtupides des hommes, ſi pouvant s'enrichir par le pillage, ils s'étoient acharnés à trouer quelques pierres du Coliſée, & avoient cru, après cet exploit, avoir puni les Romains & vengé l'univers.

Alaric, Genſeric & Richimer ne ſont donc pas coupables des excès dont on les accuſe ; mais il reſte encore un Prince Goth à juſtifier, c'eſt Totila. A ce nom, les Amateurs frémiſſent, ils ſe repréſen-

Totila.

tent des béliers, des crampons, des machines de toute espèce dressées contre la plus belle des Villes. Ils voient Rome s'annéantir sous les efforts d'une armée de Barbares qui portent le fer & le feu dans ses plus beaux monumens, & ne respectent ni Temples, ni Dieux, ni Palais, ni Héros; tous les Arts expirent sous leurs coups.

Avec cette idée, on saisit bien, il est vrai, l'intention de Totila, mais on se trompe sur le fait. Je conviens que Totila étoit déterminé à détruire de fond en comble une Ville qui lui avoit coûté bien du sang, & qu'il croyoit de son intérêt de ne pas laisser subsister; mais sur le point d'en venir à la cruelle exécution, il reçut de Bélisaire une Lettre qui lui inspira des sentimens plus humains. Après avoir peint à Totila les soins qu'avoient pris, les dépenses qu'avoient faites les anciens Romains pour rendre leur Capitale la merveille de l'univers; après lui avoir représenté que le dessein de détruire tant de beautés, ne pouvoit être inspiré que par la plus aveugle fureur; lui avoir fait sentir qu'il alloit rendre son nom odieux à la postérité, Bélisaire ajoute: » Cela étant ainsi, avant de commencer

» les excès que vous méditez, faites je » vous prie ces réflexions : de deux chofes » l'une, ou vous ferez heureux jufqu'à la » fin de la guerre, ou vous perdrez vos » avantages. Si vous devez être vainqueur, » en détruifant Rome, c'eft votre bien & » non pas celui de vos ennemis que vous » perdrez. En la confervant, vous verrez » fous votre empire augmenter fa gloire, » & fes richeffes. Si au contraire la fortu- » ne vous abandonne pour venir à nous, » Rome confervée par Totila lui mérite- » ra l'eftime & la reconnoiffance de fes » Vainqueurs, dont il n'auroit à attendre » ni humanité, ni clémence, s'il en man- » quoit aujourd'hui lui-même (1) «.

Cette Lettre fit impreffion fur Totila. Il fentit toute la fageffe du confeil que lui donnoit fon ennemi, & fit fortir fes troupes de Rome fans y avoir caufé aucun dommage confidérable ; au moins fans avoir ruiné aucun de ces édifices qu'il avoit dévoués au fer & aux flammes ; car il faut convenir qu'avant de recevoir

(1) Procop. de Bello Goth. Lib. 3, Cap. 22.

la Lettre de Bélisaire le Roi barbare avoit fait abattre un tiers des murs d'enceinte.

Rome, ajoute-t-on, fut entièrement déserte pendant plusieurs mois. Cela est vrai. Quand Totila y entra, il n'y restoit plus que cinq cens habitans, & ce n'étoit guères que des gens du peuple, tout le reste avoit péri pendant le siège, ou avoit pris la fuite. Totila fit passer ces malheureux dans la Campanie, tandis qu'il emmenoit avec lui le peu de noblesse qu'il avoit encore trouvé dans Rome. Qu'en conclure? que la Maitresse de l'univers, qu'une Ville habitée autrefois par plus d'un million d'hommes fut pendant long-tems une affreuse solitude. Si Rome n'eût été qu'un monceau de ruines, Bélisaire auroit-il pris bientôt après tant de mesures pour s'en emparer? Qui devons-nous croire ici des Auteurs qui n'ont écrit que sur des rapports infidèles, & loin du siècle où les évènemens sont arrivés, ou un Historien qui les avoit vus? si celui-ci en avoit dissimulé des circonstances aussi terribles, ceux qui en avoient été témoins avec lui, n'auroient-ils pas réclamé contre sa mauvaise foi? Procope attaché à Bélisaire avoit-il donc quelque intérêt à ménager l'ennemi de ses Maîtres ?

Mais ce que Totila ne fit point à la première prise de Rome, il le fit, dit-on encore, à la seconde. Car voici ce qu'on lit dans Procope : » Totila avoit envoyé » des Ambassadeurs au Roi des François (1) » pour lui demander sa fille en mariage. » Le Prince la refusa, & dit qu'il ne don- » neroit point sa fille à un homme qui » n'étoit point Roi d'Italie, & qui selon » les apparences ne le seroit jamais, puis- » qu'après avoir pris Rome sa Capitale, » & en avoir *détruit* une partie, il n'avoit » pu s'en conserver la possession. Piqué » de cette réponse, Totila vint de nouveau » assiéger Rome qui s'étoit repeuplée, » mais qui n'étoit point défendue par Bé- » lisaire. Il la prit, & ordonna de réparer » promptement les édifices que le feu avoit » consumés ou que lui-même avoit fait » abattre (2) «. Ce passage est net, & prouve qu'il y avoit eu du dégât fait par ordre de Totila.

---

(1) Théodebert, Roi d'Austrasie.

(2) Procop. Bell. Goth. Lib. 3, Cap. 37.

Il ne prouve rien de plus que ce qu'on a objecté jusqu'à-présent : 1°. L'ambassade de Totila au Roi des François étant antérieure au second siège, la réponse de ce dernier ne peut avoir en vue les dégâts vrais ou prétendus qui se firent alors dans Rome : 2°. La réponse du Roi des François peut s'expliquer de deux façons. Premièrement il dit à Totila qu'il a renversé une partie de Rome, mais uniquement pour le rendre odieux. Il ne pouvoit sçavoir ce fait que par des rapports, & sans examiner s'ils étoient vrais ou faux, il le lui reproche pour avoir au moins un prétexte de rejetter son alliance. Secondement, par cette partie de Rome renversée, le Roi des François, en le supposant bien instruit, n'entendoit & ne pouvoit entendre qu'une partie de l'enceinte. Il étoit vrai que Totila en avoit fait dégrader les murailles, pour ôter aux Romains les moyens de se fortifier de nouveau contre lui, & les forcer de combattre en rase campagne. Il en étoit arrivé tout autrement ; Bélisaire étoit rentré dans Rome, en avoit fait réparer les bréches, & réduit Totila à former un second siége. On en prit occasion de reprocher à ce Prince un défaut de politique, de l'imprudence, de la foiblesse. La réponse du Roi des François doit donc se prendre comme une insulte hasardée, & non pas comme une preuve des fureurs de Totila dans Rome : 3°. Je ne dissimulerai pas que pendant le second siége, le Mausolée d'Adrien, aujourd'hui le Château-Saint-Ange, souffrit beaucoup, parce que 400 Romains qui s'y étoient retirés se défendirent avec la dernière opiniâtreté. Mais je remarquerai en même-tems que les Goths, en forçant les Romains à se retrancher dans ce Mausolée, ne furent pas la première cause de sa dégradation. Constantin l'avoit bien avancée plus de deux siècles auparavant par la construction de ses Basiliques. Si l'on en croit une Tradition générale & constante, vingt-quatre des colonnes qui forment la grande Nef de la Basilique de Saint-Paul ont appartenu autrefois au Mausolée d'Adrien. La Basilique de Saint-Pierre dut plus que toute autre profiter du dépouillement de cet édifice, puisque sa proximité du Vatican rendoit le transport des colonnes plus facile. Ces Statues que lançoient les Romains assiégés sur l'ennemi n'étoient donc plus sur pied, puisqu'au tems de Constantin, elles avoient dû tomber avec l'Architecture qu'elles décoroient; Architecture qui faisoit le principal mérite du Mausolée, & qui n'existoit plus au tems de Totila.

Les Goths, les Vandales & les Suèves justifiés des excès qu'on leur reproche, à qui faut-il donc s'en prendre de la désolation de l'ancienne Rome? Au tems, aux hommes, aux élémens, à tout ce qui dans la nature combat la durée des masses les plus solides, à toutes les causes qui détruisirent Persépolis, Babylone, Palmire, &c. Entrons dans quelques détails propres à fixer les idées sur ce sujet.

Le Cirque dont il est parlé plus haut étoit le grand Cirque, le Théâtre réparé par Théodoric étoit le Théâtre de Pompée; mais qu'étoient devenus tous les autres? Sous Titus, il y avoit à Rome cinq Cirques au moins: le Grand, ceux de Flaminius, de Flore, de Salluste & de Néron; trois grands Théâtres fixes: ceux de Pompée, de Marcellus & de Balbus.

Deux Amphithéatres : ceux de Titus & de Statilius Taurus ; & ſous Théodoric il paroît qu'il n'exiſtoit plus de tous ces édifices qu'un de chaque eſpèce. Quelques recherches ſur leur deſtinée m'ont conduit à croire qu'ils avoient péri.

1°. Par le feu ; dans tous les tems les incendies furent très-fréquens à Rome, & les Hiſtoriens ne nous parlent que de Temples, de Palais, de Thermes frappés de la foudre, conſumés par le feu du Ciel, ou par celui qu'allumoit le haſard. Mais pour ne parler ici que des Cirques & des Théâtres : le Grand Cirque brûla pendant le Triumvirat, & dans l'incendie preſque général de Rome ſous Néron ; ce fut même par lui que commença l'embraſement. Le Théâtre de Pompée brûla ſous Tibère, ſous Claude, ſous Titus, ſous Philippe. Le Théâtre de Balbus eut le même ſort ſous Titus, un an après l'éruption du Véſuve. L'Amphithéâtre de Titus, appellé le Coliſée, brûla ſous Antonin Pie, ſous Héliogabale, ſous Dece ; & on a peine à concevoir comment le feu pouvoit faire de grands ravages dans des édifices où il n'entroit point de charpente, où tout étoit marbre, pierre ou brique. Mais c'eſt un fait atteſté par tous les anciens Hiſtoriens, & contre lequel les raiſonnemens ne peuvent rien. La partie extérieure des Cirques, des Théâtres & des Amphithéâtres, leurs portiques, leurs piliers, les arcades qui flanquoient les voûtes étoient, il eſt vrai, de pierres vives d'une grandeur énorme, d'une dureté preſqu'égale à celle du marbre; c'étoit ordinairement de la pierre de *Tibur* appellée aujourd'hui *Travertine*, mais les voûtes, les gradins où s'aſſeyoient les ſpectateurs étoient de brique, l'intérieur des portiques du premier ordre étoit occupé par des Marchands de toute ſorte; la ſcène dans les Théâtres étoit remplie de machines, de décorations, de toiles, de cables, &c. Que l'on ſe repréſente le feu allumé dans ces eſpèces de Villes, gagnant de loge en loge, pénétrant dans les portiques, ſe concentrant ſous les voûtes, & y déployant d'autant plus ſon activité qu'il peut moins s'étendre, & l'on n'aura pas de peine à comprendre, comment les murs les plus foibles pouvoient s'écarter, les voûtes s'entrouvrir, les gradins s'écrouler. J'ai vu, en 1763, des voûtes de plus de trois pieds d'épaiſſeur des Thermes de Dioclétien éclater par la violence du feu allumé dans du foin : or les voûtes des Théâtres n'étoient pas à beaucoup près auſſi épaiſſes.

2°. On ne répara pas toujours les lieux de Spectacles qui avoient éprouvé ces malheurs. Quelques-uns ne furent réparés que long-tems après ; & plus d'une fois ils ne le furent qu'aux dépens de quelques autres. Le Grand Cirque, le plus ancien & le plus noble de tous ceux de Rome, brûlé ſous Néron, ne fut rétabli que ſous Trajan ; & on y employa les pierres & les autres matériaux de la Naumachie de Domitien démolie exprès pour cette réparation. Le Théâtre de Marcellus étoit en ſi mauvais état ſous Alexandre Sévère, que ce Prince qui avoit envie de le reſtaurer, renonça à l'entrepriſe par l'impoſſibilité d'y réuſſir, & qui ſçait s'il n'en tira pas des matériaux pour le Cirque qu'il fit lui-même conſtruire (1). Quelle qu'eût été la cauſe de la ruine du Cirque de Néron,

(1) C'eſt aujourd'hui la Place Navone.

on a vu ailleurs qu'il n'existoit plus au tems de Constantin.

Il ne faut pas croire qu'on ne détruisît que les monumens élevés par de méchans Princes ; que le Cirque de Néron & la Naumachie de Domitien ne périrent que parce qu'ils étoient l'ouvrage de deux monstres. La mémoire de Trajan ne fut pas respectée par son successeur immédiat. Adrien, qui orna Athènes & toute la Grèce de magnifiques édifices, renversa l'Amphithéatre de celui à qui il devoit l'Empire ; & sous Constantin, on n'épargna pas l'Arc-de-triomphe du *meilleur des Princes*.

Si l'on détruisoit des édifices encore entiers, tout-neufs & de la plus grande magnificence, à plus forte raison devoit-on achever de démolir ceux qui étoient dégradés jusqu'à un certain point, ou dont la construction étoit simple & grossière. Le Cirque de Flore étoit d'une Architecture rustique, sans richesse, sans ornemens. Il est probable que quelques-uns des Empereurs qui, après Adrien, bâtirent des Cirques & des Thermes, tels que Caracalla, Alexandre Sévère, Dioclétien,

Constantin, l'imitèrent & ne balancèrent pas à prendre des matériaux du Cirque de Flore, d'autant plus qu'elle avoit encore un Théâtre où se célébroient les Jeux Floraux.

3°. Il n'y avoit que les Empereurs qui fussent en état de rendre à certains édifices publics l'éclat ou la solidité qu'ils avoient perdus; & c'est toujours sur leur compte que les Historiens mettent ces réparations. Elles se firent un peu plutôt ou plus tard, quand un seul homme fut pendant quelques années possesseur tranquille de l'Empire. Aussi les Règnes de Trajan, d'Adrien & des Antonins jusqu'à Septime Sévère furent-ils marqués par des constructions magnifiques. Mais lorsque les Guerres Civiles devinrent presque continues; que chaque armée nomma un Empereur; que Rome fut, non plus le théâtre de la magnificence & des plaisirs, mais celui de la sédition & du carnage; qu'elle ne vit presque plus ses Maîtres habiter dans son enceinte; lorsque, pour comble de désastre, Constantin eut transporté à Bysance le siége de l'Empire, que l'ancienne Capitale de l'univers ne fut plus qu'une Ville de Province; alors tout dut ſe reſſentir de l'Anarchie, ou de l'abſence du Souverain; tout ce qui ſervoit à la décoration d'une Ville immenſe, aux délaſſemens d'un peuple opulent & heureux dut s'altérer & s'annéantir enfin avec la paix qui produit les richeſſes & entretient le luxe. On peut voir dans Tacite & dans Suétone ce qu'il en coûta à Veſpaſien de ſoins & de dépenſes, pour réparer les dommages cauſés aux édifices publics par les troubles qui ſuivirent la mort de Néron. Trois ou quatre ans avoient ſuffi pour défigurer les plus beaux quartiers de Rome.

4°. La multitude même des grands édifices dont nous parlons nuiſoit à leur conſervation, parce que le goût de la nouveauté faiſoit donner la préférence aux modernes ſur les Anciens. Lorſqu'il n'y avoit encore à Rome qu'un ſeul Amphithéâtre, celui de Taurus, Caligula au lieu de l'employer pour ſes Spectacles, aimoit mieux en faire conſtruire de bois, quoiqu'ils coûtâſſent des ſommes immenſes, & qu'il fallût quelquefois ruiner bien des maiſons pour les placer. Sa raiſon étoit, l'ennui de ne jamais voir que le même Amphithéâtre. L'adulation influa aussi beaucoup dans la préférence accordée aux édifices modernes. Les Magistrats, les riches Citoyens qui donnoient des Jeux au peuple, prétendoient bien faire leur cour au Prince, en les donnant dans le Cirque, ou le Théâtre qu'il avoit fait ériger, & qui portoit son nom. Pendant ce tems-là, les autres étoient négligés; le besoin ne rendant pas leur entretien nécessaire comme lorsqu'il n'y en avoit qu'un; ceux qui en avoient été les Fondateurs n'existant plus, personne n'ayant un intérêt direct & personnel à leur conservation, ils devoient insensiblement dépérir, & fournir ensuite dans les débris de quoi satisfaire de nouvelles fantaisies.

Pourquoi le grand Cirque, le Théâtre de Pompée, & l'Amphithéâtre de Titus méritèrent-ils plus d'attention & furent-ils toujours assez bien entretenus pour subsister jusqu'au tems de Théodoric tandis que tous les autres étoient ruinés? le voici: le grand Cirque étoit presque aussi ancien que la Nation; le premier Tarquin l'avoit fait construire, les plus Grands

Hommes

Hommes de la République avoient travaillé à l'embellir ; on eut une ſorte de reſpect pour un monument qui rappelloit la naiſſance & les premiers plaiſirs des Romains ; on pouvoit dire que là, s'étoient amuſés les Brutus, les Cincinnatus, les Camilles ; que les Scipions y étoient venus quelquefois ſe diſtraire des projets qu'ils formoient dans le Cabinet contre Carthage & Numance ; qu'au retour d'une Campagne heureuſe, ils y avoient cherché un délaſſement à leurs travaux guerriers. Ajoutez que ceux qui obtenoient les honneurs du triomphe, faiſoient toujours dans leur marche le tour du grand Cirque. On ſe fit donc un devoir de réparer & de *rajeunir*, de tems en tems, un édifice que tant de titres rendoient précieux.

Le Théâtre de Pompée, & l'Amphithéâtre de Titus dûrent ſans doute leur conſervation à leur magnificence & à leur capacité plus vaſte que celle des autres. Outre cela, ces deux noms étoient chers aux Romains ; Pompée par ſes victoires & ſes manières en avoit été l'idole, Titus par ſes vertus & ſes bienfaits. Enfin, le Théâtre de Pompée étoit auſſi le premier que Rome eût vu bâti en pierre.

Par ce que je viens de dire, on voit que ce qui étoit arrivé aux Cirques de Flaminius, de Néron, de Caracalla, aux Théâtres de Marcellus & de Balbus, aux Amphithéâtres de Statilius & de Trajan avant Théodoric, devoit, dès le premier siècle après le Règne de ce Prince, arriver enfin au grand Cirque, au Théâtre de Pompée sans que les Goths, les Allemands ou les Normands y missent la main, sans que les Papes ordonnassent de les détruire, sans que les habitans de Rome fissent autre chose que laisser tomber les Spectacles, & s'abolir les usages auxquels ils étoient destinés. Le Christianisme devenant, de jour en jour, plus florissant devoit proscrire tous les plaisirs tumultueux & cruels qui tenoient du Paganisme, toutes les coutumes innocentes en elles-mêmes que le libertinage avoit corrompues, telle que celle de prendre le bain. Ces édifices abandonnés & ne recevant plus aucune réparation éprouvèrent comme tous les autres du même genre, & plutôt que les autres, la puissance destructive du tems, & les attaques des hommes.

Devenus inutiles ils parurent incommodes. Le peu qui en reste aujourd'hui nous est précieux, parce que nous sommes à plus de dix-huit siècles du tems où ils furent construits, parce qu'ils nous retracent la magnificence du peuple le plus célèbre qui ait jamais existé, parce qu'ils sont pour nous de l'*Antique*; mais ils n'étoient que de l'*Ancien*, du *Vieux* pour ceux qui les premiers commencèrent à les négliger. Moins épris que nous de la beauté des Cirques, des Théâtres, des Thermes, parce que leurs yeux y étoient accoutumés, ils crurent pouvoir faire de ces vastes édifices ce que font dans une famille les enfans de certaines pièces d'argenterie dont ils héritent. Ces meubles étoient à la mode du tems de leurs pères, ils ne le sont plus du leur. Que font-ils? ils les refondent, leur donnent une nouvelle forme, & les accommodent au goût règnant. Ainsi firent les Romains au sixième & au septième siècle, & encore plus dans les siècles suivans. En laissant subsister sur pied, au milieu de leur Ville appauvrie, des édifices immenses où ils ne devoient plus représenter de Tragédies, de Comédies, de Pantomimes; où ils n'avoient plus le moyen de faire combattre des lions, des tigres, des éléphans, ils n'auroient eu que des richesses imaginaires. Ils les fondirent donc, si je puis me servir de cette expression, en perdant beaucoup sur la façon, & même sur la matière : ils en tirèrent quelques Eglises, quelques Monastères, quelques palais. Le malheur de leurs descendans fut qu'ils ne pensèrent point à eux. Ils ne virent pas que la destruction de tant de chef-d'œuvres d'Architecture alloit faire périr l'Art, & éteindre le goût pour une longue suite de siècles. Ils n'écoutèrent que l'impulsion du moment présent, & à mesure que les ténèbres qu'ils avoient occasionnées s'épaissirent, les successeurs se portèrent à de plus funestes entreprises contre ce que les Ancêtres avoient épargné.

Après ce coup-d'œil vague sur les causes les plus générales de la ruine des beaux édifices que nous regrettons, portons la vue sur certaines causes particulières qui, de siècle en siècle, opérèrent la destruction d'une façon plus marquée.

Temples. Il n'est pas de mon sujet de m'arrêter à justifier ou à blâmer l'excès du zèle qui fit renverser les Temples du Paganisme; le fait est, qu'en conséquence des ordres de différens Empereurs Chrétiens, on détruisit presque tous ces monumens de la Gentilité, & ce fut dans le cinquième & le sixième siècle que se fit le plus grand ravage. J'ai indiqué ailleurs une des raisons qui avoient empêché d'en faire des Eglises Chrétiennes.

Le même zèle qui armoit la main des Papes contre les Temples, devoit aussi l'armer contre les Obélisques, autres monumens de la superstition Payenne. Tous furent impitoyablement renversés excepté celui du Cirque de Néron qui étoit encore sur pied, lorsque Sixte V le fit transporter & placer au milieu de la Place de Saint-Pierre. Celui-ci est lisse & ne porte aucun hiéroglyphe. Les seuls caractères qu'on y lise sont les noms d'Auguste & de Tibère à qui il étoit consacré. Les Empereurs de Constantinople ne ménageoient pas assez les Papes pour que ceux-ci s'exposassent à les irriter, en renversant un Obélisque qui portoit les noms des premiers Maîtres du monde. Leurs successeurs étoient, à tous égards, fort au-dessous Obélisques.

d'eux, mais ils ſe ſeroient crus outragés, ſi l'on eût paru ne pas reſpecter les noms d'Auguſte & de Tibère, reſpectés par Conſtantin lui-même, qui avoit laiſſé ſubſiſter l'Obéliſque dans le tems qu'il achevoit de détruire le Cirque de Néron. C'eſt ſans doute à ces juſtes égards que nous devons auſſi la conſervation des colonnes Trajane & Antonine.

Bandini qui fit une ſçavante Diſſertation ſur l'Obéliſque du Champ-de-Mars quand on le retrouva pour la troiſième fois en 1748, croit qu'il fut renverſé par les Goths. En ce cas les Goths en auroient agi envers lui comme les lâches, qui portent encore des coups à leurs ennemis quand ils les voient étendus morts à leurs pieds. De tous les Obéliſques, celui-ci a été le plus maltraité, & il n'a pu l'être ſi cruellement qu'après ſa chute. Seroit-ce encore parce qu'il entroit un peu de ſcience dans ſon uſage, parce qu'il ſervoit de *Gnomon ?* Je crois qu'on ne ſe trompera pas beaucoup en diſant : qu'une fois abattu il eut le ſort de tout ce qu'on abandonne à la diſcrétion de la populace & des enfans. Le premier manœuvre qui eut beſoin d'une pierre pour raccommoder ſon réduit, alla la prendre dans cet Obéliſque, qui ne tarda pas à devenir la reſſource du quartier. Le côté qui touchoit la terre eſt ſain, les arrêtes en ſont vives, & les hiéroglyphes y ſont auſſi entiers, que le premier jour qu'on les grava.

Aqueducs.

On ne peut pas attribuer à un zèle indiſcret la ruine des Aqueducs ; ces édifices n'étoient qu'utiles & il y auroit eu de l'extravagance à les abattre. La main des Goths fut poſitivement funeſte à cette partie des grands monumens de Rome. Vitigés, ſans les renverſer entièrement, les fit rompre pour couper l'eau aux aſſiégés ; ce fut-là le commencement du mal. Nul autre eſpèce d'édifices n'exige plus d'attention & des ſoins plus continus. Ceux-ci étoient l'ouvrage des Romains, & l'on conçoit dès-lors quelle devoit être leur grandeur & leur magnificence ? Combien de ſortes d'ouvriers prépoſés à leur entretien ! une garde nombreuſe payée par l'Empereur & par la Ville veilloit ſans ceſſe à leur ſûreté. Tout cela demandoit de grandes dépenſes ; & après les pillages réitérés des Barbares, après la cessation du commerce, les Romains n'étoient plus en état de les faire. Les eaux n'étant plus dirigées s'extravasèrent hors des conduits rompus, pénétrèrent, minèrent insensiblement le massif des murailles, en détrempèrent les cimens, & causèrent enfin leur ruine totale. Ce n'est que du Pontificat de Nicolas V que date cette abondance d'eaux qui rend Rome moderne la Ville la plus riche & la plus commode de l'univers en ce genre. Depuis la chûte de l'Empire jusqu'alors, on n'y avoit guères eu d'autres eaux que celles que fournissoient les puits & le Tibre pendant les quatre premiers siècles de la République. Par les soins de Nicolas V, on retrouva le cours d'*Aqua Virgo*, aujourd'hui l'*Eau de Trevi ;* les Pontifes ses successeurs firent chercher & rassembler les autres eaux publiques perdues depuis plusieurs siècles. Sixte V sur-tout, & Alexandre VII firent pour les ramener à Rome, pour la reconstruction des Aqueducs, pour la décoration des fontaines, des dépenses dignes des premiers Césars, dignes d'Agrippa plus magnifique lui ſeul que tous les Empereurs enſemble.

Aux incurſions des peuples du Nord, à la pauvreté, à la chûte des Arts, à l'ignorance qui en furent la ſuite, ſuccédèrent les diſſenſions entre les Papes & les Empereurs, les factions meurtrières des Guelphes & des Gibelins, le ſéjour des ſouverains Pontifes à Avignon. L'hiſtoire de ces tems, plus barbares que ceux des Alaric & des Totila, eſt celle de la dernière ruine des monumens de l'ancienne Rome; qu'on en juge par ce trait choiſi entre mille.

L'Empereur Henri IV aſſiégeoit le Château-Saint-Ange où s'étoit retiré le Pape Grégoire VII. Les Allemands qui avoient leurs poſtes ſur le Vatican, & dans le quartier appellé de nos jours *Traſtevère*, faiſoient dans la Ville de fréquentes irruptions, & y laiſſoient les plus funeſtes traces de leur fureur. Robert Guiſcard, Prince de la Pouille, vint au ſecours du Pontife, & força l'Empereur à lever le ſiége. Les Romains, ou par attachement pour Henri, ou par une fauſſe délicateſſe, refusèrent à Robert l'entrée de leur Ville. Ce Prince obligé d'en venir à une action

Robert Guiſcard.

contre eux, les attaqua du côté de la Porte *Flaminia*, aujourd'hui *Del Popolo*, & les pouſſa juſques ſur le Capitole. Ses ſoldats ayant mis le feu aux premières maiſons, l'incendie ſe communiqua à tout le quartier ſitué entre la Porte Flaminia & le Champ de Mars. Là, étoient, le Mauſolée d'Auguſte, la colonne Antonine, la Baſilique d'Antonin, l'Arc de Druſus.

Les Normands ſe cantonnèrent ſur le *Mont-Cœlius*, d'où ils fondoient, de tems en tems, ſur les Romains qui occupoient le Capitole & les environs. Ces attaques ne firent pas ſeulement couler du ſang; toute la Vallée qui ſépare le Mont-Cœlius du Mont Capitolin fut réduite en cendres. Cet eſpace renfermoit, le Coliſée, l'Arc de Conſtantin, l'Arc de Titus, tout le *Forum Romanum*. Sur la pente du Capitole qui regarde le *Forum*, étoient le Temple de la Concorde, celui de Jupiter Tonnant, celui de Veſpaſien. L'Auteur de la Vie de Grégoire VII, dit que dans ce quartier tout fut mis à feu & à ſang, & que le Mont Capitolin fut preſque applani. De là ſans doute l'enfouiſſement de la plupart des monumens Antiques placés aux pieds de cette fameuſe colline. On ajoute encore, que tout ce ravage ſe fit par le conſeil de Cincius Conſul de Rome. Après cela, eſt-il beſoin de faire venir des Barbares de toutes les parties du monde; pour en détruire la capitale? les Barbares étoient dans Rome.

Il eſt probable qu'une grande partie des monumens que je viens d'indiquer, ou n'étoient plus ſur pied, ou étoient déja bien dégradés au tems de l'expédition de Robert Guiſcard; mais toujours eſt-il vrai que ceux qui ſubſiſtoient encore éprouvèrent alors de nouveaux dégâts.

Ces dégâts ſe renouvellèrent toutes les fois que les Romains eurent à repouſſer un ennemi étranger, ou s'armèrent les uns contre les autres. Voyez dans l'Hiſtoire d'Italie, leurs affreuſes Guerres Civiles depuis le dixième ſiècle juſqu'à la fin du quatorzième. C'eſt dans cet intervalle que les *Colonnes* s'emparèrent du Mauſolée d'Auguſte & des Thermes de Conſtantin ſur le Quirinal; les *Orſini*, du Mauſolée d'Adrien & du Théâtre de Pompée ; les *Frangipani*, du Colisée & du Septizone de Sévère ; les *Savelli*, du Théâtre de Marcellus, &c. les restes de ces grands édifices furent autant de citadelles, où les Chefs de chaque faction se fortifièrent contre les assauts des factions contraires. L'attaque & la défense leur étoient également funestes.

Réconcilions-nous donc avec les Peuples du Nord, & cessons de leur attribuer des excès dont ils ne sont pas coupables. Sur-tout ne prêtons point à leur prétendue méchanceté des vues qu'elle n'eut jamais. Quand un Goth trouva sous sa main une Statue qu'il put renverser sur son ennemi, il y a apparence qu'il en profita, parce qu'en pareil cas on fait arme de tout ; mais il seroit ridicule de croire, qu'il ne la brisa que parce que c'étoit l'ouvrage de Phidias ou de Praxitèle ; & c'est cependant une opinion assez commune parmi certains Amateurs.

Je ne puis mieux terminer cette Dissertation que par quelques observations sur une singularité qui a bien exercé l'imagination des Dissertateurs & des Antiquaires. Presque tous ceux qui ont parlé

Dumont del. F. N. Sellier Sculp.

ELÉVATION PERSPECTIVE DU COLISÉE

du Colisée, ont tâché de donner quelques raisons plausibles des trous innombrables qu'on apperçoit dans ce vaste édifice. Il parut en 1651, une Lettre latine de M. Suarez Evêque de Vaison adressée au Prince Barberin, laquelle avoit pour titre : *Diatriba de foraminibus lapidum in priscis ædificiis*. L'Auteur rassembla dans cette Diatribe sept opinions différentes sur le point qu'il s'agissoit d'éclaircir ; & il les adopta toutes, quoiqu'il y en ait quelques-unes qui assurément doivent paroître ridicules à tout Antiquaire intelligent & qui voit bien. Je vais rapporter ici ces opinions, & je les tire de l'abrégé qu'en a fait Marangoni, & qui se trouve dans sa Dissertation sur le Colisée imprimée en 1746, j'y joindrai la réfutation qu'il a faite de chacune.

Colisée du côté du Midi.

1°. Les Barbares qui en différens tems prirent & saccagèrent Rome, jaloux de sa magnificence, & ne pouvant en renverser les plus beaux monumens, firent au moins ce qu'ils purent pour les défigurer. De là les trous sans nombre du Colisée faits à coups de bélier, de pic, &c... *Rép.* il est certain que les Barbares en vouloient plus aux tréſors de Rome qu'à ſes pierres. S'ils avoient eu réellement envie de renverſer le Coliſée, ils n'auroient manqué ni de forces, ni d'induſtrie pour y réuſſir, ſi cependant on leur eût accordé le tems néceſſaire pour une pareille opération ; mais à coup sûr ils ne l'auroient pas commencée par le premier Ordre. Le plus court étoit de gagner le haut de l'édifice, au lieu de s'amuſer à creuſer les pierres du rez-de-chauſſée.

2°. Ces pierres ont été forées par ceux à qui on accorda des logemens dans le Coliſée, & qui ne purent s'y ménager des appartemens, ſans faire dans les murs des trous propres à recevoir les têtes des poûtres, chevrons, &c. *Rép.* Cette opinion explique bien la cauſe des cavités intérieures, mais elle ne rend point raiſon de celles de l'extérieur. Pour ménager des appartemens, il n'étoit pas néceſſaire de forer la façade, les colonnes, les entablemens.

3°. Dans les factions qui diviſèrent ſi ſouvent Rome, & les guerres cruelles que ſe faiſoient ſes propres habitans, ceux qui pouvoient ſe rendre maîtres du Coliſée, s'en faiſoient un rempart contre leurs ennemis, s'y fortifioient par des paliſſades, des herſes, des fraiſes, &c. pour les appuyer, il étoit néceſſaire d'entamer les murailles. *Rép.* ici on trouve une raiſon des trous extérieurs, mais on n'y voit point à quoi reviennent ceux du dedans, des voûtes, des arcades les plus proches de l'arêne.

4°. Ces trous marquent que les pierres du Coliſée étoient autrefois liées par du fer ou du bronze ſcellé avec du plomb; & que ces métaux ayant été enlevés, y ont laiſſé les vuides qu'on y voit. . . . . *Rép.* ce ſentiment eſt le plus général; mais obſervons que les pierres qui n'ont point été attaquées, ne montrent aucune apparence de liaiſon de bronze, & ſont cependant très-bien liées. Il falloit donc un œil bien perçant pour découvrir, ſans ſe tromper, les endroits où il y avoit du métal. S'il en reſtoit encore dans ceux qui ſont bien conſervés, on le découvriroit aujourd'hui auſſi-bien qu'on le découvrit autrefois dans ceux qui ſont troués. Il n'y en a point dans les uns, il n'y en avoit donc pas dans les autres.

5°. On a percé ces pierres pour chercher des dépôts d'argent, de bijoux, &c.

6°. Ces trous ont été faits dans le tems même qu'on bâtissoit le Colisée. Ils servoient à recevoir les pièces de charpente qui formoient les échaffauds... *Rép.* Ces deux opinions ne méritent pas qu'on les réfute.

7°. Enfin, autrefois il s'est tenu de grandes Foires aux environs du Colisée. Les Marchands y ont fait ces trous pour se pratiquer des loges & des boutiques. C'est le sentiment de Donati qui se fonde sur le passage d'un Auteur du douzième siècle, où il est parlé de différens Ouvriers établis dans le Colisée, & en particulier de certains *Banderarii*, que Donati explique par les termes d'*Ouvriers en soie*. . . . *Rép.* 1°. Si on ne parle que de loges, de boutiques appuyées contre le Colisée, il reste toujours à expliquer pourquoi les voûtes du dedans ont été percées: 2°. Ces *Benderarii* appellés par Donati *Ouvriers en soie* étoient plus vraisemblablement des *Porte-Enseignes*. C'est au moins la signification que Du Cange donne à ces termes, sur l'autorité de Jean Villani, qui dit

dit dans l'Itinéraire de Grégoire XI, Liv. VII, Chap. 14. *Currebant Banderarii Romani velut dementes, tubis clangentibus.*

L'Auteur de la Diatribe attribue à toutes ces causes cette partie de la dégradation du Colisée dont nous parlons, il en indique même d'autres encore moins raisonnables, & qui ont paru à Marangoni indignes d'être citées. Les réfutations paroîtront solides, excepté peut-être la troisième. En effet, c'étoit moins l'extérieur que l'intérieur des galleries du Colisée qu'il falloit garnir de palissades. Ces galleries sont doubles au premier Ordre. Les arcades de communication fermées par des poûtres perpendiculaires ou horisontales devenoient un retranchement presque impénétrable; & c'est-là que dut se porter la première attention de ceux qui firent une Ville de guerre de cet Amphithéâtre. Dès-lors on trouve une raison assez naturelle des cavités qui défigurent les voûtes les plus voisines de l'arêne. Ce sont les assiégeans, & non les assiégés qui ont dû percer avec les instrumens de guerre en usage en ce tems-là la façade extérieure.

Mais, ſoit dit ſans vouloir offenſer perſonne ; les Diſſertateurs en parlant du point de controverſe qui nous occupe ici, ont manqué de préciſion, pour n'avoir pas aſſez bien examiné ce qu'ils vouloient éclaircir. Par-là, ils ont fait prendre de fauſſes idées à ceux qui n'ont point vu l'Amphithéâtre, d'où ſont venues enſuite les fauſſes aſſertions. Par exemple, pour mettre les Lecteurs étrangers au fait de la queſtion dans le cas préſent, ſuffit-il de dire que le Coliſée eſt percé de trous innombrables ? Non certes, puiſque d'après un énoncé auſſi vague, chacun peut donner l'explication qu'il voudra ſans qu'on puiſſe s'aſſurer ſi elle eſt bonne ou mauvaiſe, & découvrir en quoi elle pèche. C'eſt ce défaut d'exactitude qui allume quelquefois entre les Littérateurs des diſputes aſſez vives. Avec une connoiſſance plus développée de ce qu'ils prétendent expliquer, ou ils n'entreprendroient pas des explications impoſſibles, ou ils n'en donneroient pas de contradictoires. Je propoſe ici quelques obſervations qui ne réſoudront pas les difficultés, mais qui au moins mettront en état d'apprécier les anciennes opinions.

1°. Le Colisée n'est pas le seul monument Antique de Rome, où l'on apperçoive des cavités; on en voit encore au Théâtre de Marcellus, à ce qu'on appelle le Temple de Janus situé dans l'ancien *Velabre*. Faut-il appliquer à ces édifices ce que l'on dit du premier? Leur dégradation a-t-elle exactement les mêmes causes, ou les Guerres civiles, ou les boutiques de Marchands, ou l'extraction des métaux? Si l'assertion paroit trop générale, qu'est-ce donc qui fonde l'exception pour le Colisée? Pourquoi celui-ci a-t-il dû être dégradé par des boutiques plutôt que le Théâtre de Marcellus? Pourquoi le Théâtre de Marcellus a-t-il souffert des Guerres civiles plutôt que le Temple de Janus? Si l'on place des crampons de bronze au Colisée, pourquoi n'en placeroit-on point aux monumens qui sont aussi maltraités, & qui ont éprouvé précisément la même espèce de dégradation, puisqu'on veut que le Colisée n'ait été troué que pour en arracher le métal? Voilà des questions qu'ont négligé de se faire ceux qui se sont attachés à une seule caufe pour expliquer les cavités du Colifée. Leur fyftême devient ruineux, parce qu'il a trop peu de bafe.

2°. Je lis dans Donati, Auteur d'ailleurs excellent, qu'à l'occafion de Foires établies au environs du Colifée, des Marchands en ont troué les pierres pour appuyer des boutiques. Si je n'ai pas vu le monument, j'imagine fans autre examen qu'il n'y a que le premier Ordre qui foit ainfi dégradé, parce qu'en effet les Marchands n'établiffent des loges qu'au rez-de-chauffée. Mais quelle eft ma furprife, lorfque me trouvant au pied de l'Amphithéâtre, je le vois foré, non-feulement au premier Ordre, mais au fecond & au troifième, à près de quatre-vingt pieds de terre, ce que ne m'avoit point dit mon Auteur, & ce qu'il auroit dû me dire. A cette vue, je ris de ces boutiques fufpendues en l'air & faites pour des Sylphes. J'abandonne un fyftême fi fingulièrement exclufif, & je m'adreffe à un autre Antiquaire qui me propofe la quatrième opinion citée plus haut.

3°. Cette opinion eft, dit-on, la plus générale; j'ajoute de mon côté qu'elle eft une des plus plausibles pour ceux qui n'ont jamais été à Rome, ou qui n'en ont vu les Antiquités qu'en courant & par les yeux d'un *Cicerone*; mais elle souffre des difficultés insolubles quand on la rapproche du monument. Ici, il faut me permettre des détails qui ne seront peut-être pas du goût de tout le monde, mais dont je suis sûr que les bons & vrais Antiquaires me sçauront gré.

De l'enceinte extérieure du Colisée qui en avoit trois, formant un double portique au premier & au second Ordre, il n'existe aujourd'hui que la moitié à-peu-près qui ait ses quatre Ordres complets, & c'est la partie qui tourne de l'Orient à l'Occident par le Nord. Tout ce qui étoit entre l'Orient & l'Occident regardant le Midi est absolument détruit, excepté la dernière enceinte qui étoit la plus basse, & soutenoit le *podium* où se plaçoient les Sénateurs. Le premier Ordre des quatre qui existent, est celui où l'on voit le plus de ces cavités dont on cherche l'origine; tout en est plein, colonnes, entablement, archivoltes, pied-droits, voûtes, arcades intérieures, &c. à la réſerve des arcades qui portent les Numéros XLI, XLII, XLIII, XLIV, XLV & XLVI (1), & il eſt à obſerver que les arcades du deuxième & du troiſième Ordre qui répondent à celles-ci, ſont intactes dans l'intérieur comme dans l'extérieur; mais nulle part l'entablement du premier Ordre n'a été plus maltraité que dans le voiſinage des ſix arcades bien conſervées. Le deuxième & le troiſième Ordre préſentent les mêmes ravages que le premier, mais ſeulement dans l'intérieur, c'eſt-à-dire, dans les faces des pieds-droits qui ſe répondent, & dans les vouſſures des arcades. On ne voit guères dans les colonnes & dans l'entablement que les effets de la vétuſté; le fer ne paroit pas y avoir touché. Enfin, la ſeule enceinte qui exiſte

(1) Toutes les arcades du Coliſée qui exiſtent, excepté une, ſont numérotées. Celle qui eſt ſans Numéro regarde l'endroit où étoient les Thermes de Titus; ce qui a fait dire à quelques Antiquaires, que c'eſt par cette arcade, auſſi un peu plus large que les autres, que Titus entroit à l'Amphithéâtre. Je ne déciderai rien là-deſſus.

du côté du Midi & qui étoit la plus proche de l'arêne est forée comme tout le reste. A force d'attention, j'y ai même découvert la date de 1538 (1), grossièrement tracée sur un reste de pilastre plutôt avec le pic qu'avec le ciseau. Cet éclaircissement nécessaire une fois donné, voyons si la quatrième opinion peut se soutenir.

Ceux qui l'ont embrassée ont dû supposer, qu'en faisant lier avec du bronze ou du fer les pierres de son Amphithéâtre, Titus eut en vue ou la solidité de l'édifice, ou sa magnificence. Mais, je demande si ces liaisons de métal pouvoient rien ajouter à la solidité d'une masse composée de pierres énormes qui n'avoient à craindre aucun déplacement par quelqu'impulsion que ce fût, sur-tout dans le premier Ordre où elles portoient le plus grand poids, où elles étoient liées par une chaîne non interrompue d'arcades & de murs de refend avec celles qui

(1) Alors se construisoit le grand Palais Farnèse.

formoient l'enceinte immédiate de l'arêne? Quelqu'un qui, pour consolider les Tours de Notre-Dame, imagineroit aujourd'hui d'en cramponner par le pied les cinq ou six premières assises ne seroit-il pas un imbécile? L'Architecte du Colisée n'eût pas été plus sage, en employant les précautions puériles dont on lui fait honneur. Le quatrième Ordre étoit le seul où elles pouvoient paroître utiles, parce qu'il ne consiste que dans une simple muraille, bien épaisse, il est vrai, mais dont près de la moitié étoit sans appui par derrière; parce que cet Ordre avoit à soutenir l'effort du jeu des poulies, lorsqu'on étendoit ou retiroit les toiles qui couvroient l'Amphithéâtre; c'est cependant le seul où il n'y ait point de cavités.

Si l'on veut que Titus se soit proposé la magnificence, je demande en second lieu, pourquoi cette magnificence ne s'est pas étendue sur tout l'édifice? Car, comme je l'ai remarqué plus haut, il n'y a aucune trace de métal dans les endroits qui sont bien conservés, & ces endroits sont six arcades des trois premiers Ordres, tant dans l'intérieur que dans l'extérieur,

& tout l'extérieur du deuxième, du troisième & du quatrième Ordre. Je demande encore pourquoi on a mis ſi peu d'ordre dans la diſtribution des prétendus ornemens qu'il étoit ſi facile de ſymmétriſer, vu la grandeur & la diſpoſition des pierres? Quoi, des Artiſtes du tems de Veſpaſien auroient trouvé de la magnificence à placarder de bronze, ici trois, là quatre, ailleurs ſix toiſes de muraille, le tout ſans obſerver ni diſtances exactes, ni alignement, ni correſpondance? de pareilles bêtiſes ne peuvent pas être du ſiècle auquel il faudroit les attribuer. Allons plus loin; par ces liaiſons de métal entend-on du bronze, du fer ou du plomb coulé dans les jointures des pierres? Mais alors, à quoi reviennent donc les trous faits dans le vif même des pierres, dans le cœur des tronçons ou tambours qui forment les colonnes? Entend-on qu'une pierre étoit liée à une autre par un crampon, comme le font aux parapets des ponts les dales de la dernière aſſiſe? Mais pourquoi dans telle pierre du Coliſée voit-on deux ou trois trous, tandis qu'il n'y en a qu'un, que quelquefois même il n'y en a pas un dans la pierre qui lui répond & avec laquelle elle devoit être liée? Toutes ces considérations n'auroient pas dû échapper à ceux dont on réfute ici l'opinion; on voit que cette opinion qui paroit d'abord une des plus plausibles, est en effet une des moins soutenables.

On objectera peut-être qu'un célèbre Antiquaire, *Ficoroni*, a vu deux crampons l'un de bronze, l'autre de fer tombés avec une arcade du deuxième Ordre qui s'écroula dans le tremblement de terre de 1703. Qu'en conclure? qu'il y avoit des crampons dans le Colisée. Eh dans quel édifice n'y en a-t-il pas? Si je voulois me donner les airs d'avoir une opinion, & tirer parti de tout pour la soutenir, j'assignerois sans peine dans le Colisée la place & l'usage de deux mille crampons, sans être obligé d'en forer toutes les pierres. Il faut se rappeller que dans la corniche du quatrième Ordre, on a laissé vuide l'espace qui sépare un modillon de l'autre, & qu'à quinze ou vingt pieds au-dessous de l'entablement, saillissent hors du mur d'autres modillons qui répondent exactement aux ouvertures de la corniche. Dans ces ouvertures étoient insérées des poûtres dont le pied venoit poser perpendiculairement sur les modillons placés au-dessous. A l'extrémité supérieure de ces poûtres étoient enchâssées des poulies par le moyen desquelles, à l'aide de cordes, on couvroit en un instant de toiles tout l'Amphithéâtre. Que pour fixer les poûtres qui travailloient beaucoup, & faisoient travailler les murs, on eût employé des crampons & des pattes, c'est une pratique très-naturelle & usitée dans tous les tems. Qu'aujourd'hui l'on trouve quelques-uns de ces morceaux de métal, c'est ce qui est aussi peu merveilleux; mais que l'on se persuade en conséquence, que toutes les pierres du Colisée étoient armées de fer ou de bronze, c'est ce qui seroit d'une crédulité vraiment aveugle.

Comme je n'ai point entrepris de réfuter toutes les anciennes opinions; moins encore d'en établir une nouvelle, je borne ici mes Observations bonnes ou mauvaises, content d'avoir par des notions au moins exactes mis sur la voie d'un systême plus heureux dans sa totalité que les précédens.

FIN.

TABLE DES MATIERES.

DES MATIÈRES.

TABLE DES MATIÈRES.

Fin de la Table.

www.ingramcontent.com/pod-product-compliance
Ingram Content Group UK Ltd.
Pitfield, Milton Keynes, MK11 3LW, UK
UKHW020305180726
13839UKWH00001B/376

9 782329 092645